힌두교와 불교

-『바가바드기타』의 불교적 이해-

힌두교와 불교

『바가바드기타』의 불교적 이해

김호성 지음

Bhagavadgita

여래

| 머리말 |

지난 20여 년 동안 『바가바드기타』와 관련해서 20여 편의 논문을 발표하였다. 그 중에 해석학적 방법론에 의지하여 『기타』의 주제를 논한 논문 5편을 모아서 『바가바드기타의 철학적 이해』(올리브그린, 2015)를 펴냈다. 그리고 이제 다시 논문 4편과 에세이 2편을 엮어서 『힌두교와 불교-바가바드기타의 불교적 이해-』라는 이름으로 독자들의 의견을 여쭈어 보고자 한다.

가만히 생각하면, 『힌두교와 불교』라는 이름이 너무 큰 것 같다. 흔히 'A와 B'라는 식의 서명(書名)을 보면 두 가지 생각이 든다. 하나는 제1부에 A에 관한 글을 모으고, 제2부에 B에 관한 글을 모아놓은 책이 아닐까 하는 것이고, 다른 하나는 실제로 'A와 B의 관계'를 논한 글을 모아놓은 책이 아닐까 하는 것이다. 나의 이 책은 후자이다. 논문 4편과 에세이 2편 모두 '힌두교와 불교의 관계'를 논의한 글이라 해도 좋기 때문이다.

이렇게 말하면, 얼른 우리의 머리에 떠오르는 것은 '비교'일 것이다. A와 B를 서로 비교해 볼 때, 어떤 점에서 같고 또 어떤 점에서는 다르다. 이렇게 말하는 것이 비교연구이다. 이 책에 실린 나의 글 역시 힌두교와 불교의 관계를 말하는 한 이러한 '비교'를 하지 않는 것은 아니다. 모든 글들이 다 그러한 비교의 작업을 행한다.

그렇지만, 나는 나의 작업을 비교연구라고 부르지 않는다. 비교는 하지만, 다만 비교에서 머물지 않기 때문이다. 비교는 하지만, 결코 동등비교는 아니다. 힌두교와 불교를 비교한다. 그렇지만 양자의 동이(同異)를 부각하기 위해서가 아니다. 그러한 동이를 밑바탕에 깔고서, 그 위에서 한 걸음 더 나아가고자 한다. 어떤 지향성을 갖는다. 그런 점에서 가치론(價値論, 윤리학)적이다. 이러한 연구 방법론을 나는 '공관(共觀)'이라는 말로써 표현하고 있다.

공관은 어떤 하나의 방향을 지향한다. 힌두교와 불교를 비교하면서도 비교에 머물지 않고서, 어딘가로 지향한다. 그 방향은 힌두교가 아니라 불교이다. 힌두교와 불교를 비교하면서 함께 생각하지만, 끝내는 불교로 향하고 있다. 불교로 향하고 있다는 말이, 반드시 어떤 편향(偏向)을 의미하지는 않는다. 오히려 힌두교에 비추어 보아서 불교를 반성하고 성찰하고, 불교의 미래를 모색하자는 것이다. 이런 점에서 나의 학문은, 인도철학이나 힌두교 연구에서마저 현실지향적이다. 그 현실은 불교이고, 내가 지금 몸담고 있는 한국의 불교일 수밖에 없다.

그런데 또 하나의 현실이 더 있다. 이는 나의 특수성을 초월한다. 우리 공통의 현실이다. 힌두교나 불교를 초월하는 모든 종교에 다 관련되고, 모든 나라에 다 관련되고, 모든 사람들에 다 관련된다. 나는 그러한 문제를 다루고자 했다. 그 단적인 사례가 전쟁이다. 전쟁, 그리고 테러이다. 전쟁, 테러, 그리고 보복의 문제이다. 전쟁, 테러, 보복—이것들은 다 폭력이다. 폭력은 어디에 있을까? 어디에나 있다. 권력이 어디에나 있기 때문이다.

이 책은 내가 지향하는 바로 이러한 두 가지 현실을 다 다룬다. 그 현실의 문제를 힌두교 책인 『기타』와 관련하면서, 불교적인 해결책을 모색한 것이다. 그러한 한 사람의 사유이다. 전쟁보다는 그 정당성을 묻는 회의(懷疑)가 더 중요하다. 보복보다는 용서가 바람직하다. 권력보다는 탈(脫)권력이 좋다. 그래서 정치보다는 탈(脫)정치적으로 살아야 한다. 이런 철학을 나는 하고 있다.

이는 철학의 영역으로 이야기하면 사회윤리, 사회철학 내지 정치철학이다. 학문의 초창기부터 지금까지 그래왔다. 앞으로도 더욱더 이러한 분야의 작업을 해나가고 싶다. 이는 책상에서 책을 읽으면서 하지만, 결코 책상 위만을 생각하는 것이 아니다. 책상 밖 넓은 현실을 생각한다. 그러나 나는 안다. 이러한 나의 사유가, 나의 발언이 아무런 힘이 없다는 것을—. 이슬람교, 기독교는 물론이고 힌두교에 무슨 영향을 미칠 수 있겠는가. 아니, 내가 믿고 행하고 있는 불교에도 조금의 영향이나 미칠 수 있겠는가. 너무 이상적이지 않는가, 너무 관념적이지 않는가. 이렇게 말할 것이다. 그럴지도 모른다. 그렇다.

그러나 그럴 줄 알지만, 그래도 그러한 일을 사유하고 그러한 발언을 해놓는 것. 그것이 바로 한 사람의 철학자로서, 한 사람의 인문학자로서, 한 사람의 종교인으로서 해야 할 일이 아니겠는가. 그야말로 그것이 나의 일이고 의무(svadharma)가 아니겠는가. 나의 길이고, 나의 삶이 아니겠는가.

바로 그렇기에 나는 뚜벅뚜벅 걸어갈 수밖에 없다. 외롭지만 말이다. 그러나 가끔은 나를 응원해 주는 길벗들이 없지는 않다. 요가를 전공한 후배 김재민 박사가 열심히 박수를 쳐주었고, 어려운 여건 속에서도 도서출판 "여래"의 신세를 졌다. 정창진 사장님께 감사드린다. 좋은 인연으로 이어졌으면 좋겠다.

하나 독자들의 양해를 구할 것은, 다소 반복적으로 인용되는 『기타』의 구절들이 있다는 점이다. 예컨대, 『기타』 제1장에 나오는 아르주나의 회의를 표명하는 구절들이다. 그것들은 아르주나의 회의에 대해서 거듭거듭 조금 더 의미를 넓혀가고, 심층적으로 조명하다 보니 그럴 수밖에 없었다. 그 인용 구절들이 어떤 맥락에서 다시 인용되는지 파악해 주신다면 다소의 반복도 이해될 수 있으리라 믿는다.

2016년 3월 10일

종남산(終南山) 중턱에서

김호성 합장

目次

머리말_4

서설(序說) 불교의 눈으로 보는 『기타』

Ⅰ. 『기타』와 불교의 차이 _17

1. 『기타』, 비폭력인가 폭력인가?_19

2. 회의, 비폭력, 그리고 붓다_21

II. 『기타』와 불교의 상통성(相通性)_23

1. 지혜와 행위의 조화_23

2. 세 가지 길의 조화_26

제1부 전쟁과 회의(懷疑)의 문제

『기타』의 윤리적 입장에 대한 불교적 비판

– 아르주나의 회의 vs 크리쉬나의 응답 _33

Ⅰ. 크리쉬나의 응답, 과연 보편적인가_36

1. 크리쉬나의 논리와 불교적 읽기_36

2. 컨텍스트와 텍스트의 구분_38

II. 아르주나의 회의와 그 의미_41
1. 회의의 이유_41
2. 회의의 의미_44
III. 크리쉬나의 응답과 그에 대한 비판_50
1. 형이상학적 윤리 비판_53
2. 현실주의 윤리 비판_57
3. 무집착의 윤리 비판_62
IV. 비판적 수용이 필요한 특수윤리_65

아르주나의 회의와 그 불교적 의미_69

I. '현대-한국-불교'의 『기타』 읽기_72
II. 다시 읽는 아르주나의 회의_77
1. '아르주나의 회의'를 설하는 부분_77
2. 회의의 이유와 의미 재고_81
(1) 회의의 이유_81
(2) 회의의 의미_85
III. 의미의 현재성과 불교_91
IV. 아르주나의 회의, 평화의 길_97

제2부 폭력/전쟁과 권력의 문제

『기타』와 『대승열반경』에서의 폭력/전쟁의 정당화 문제 – '정의의 전쟁'론을 중심으로_103

Ⅰ. 폭력의 종식은 가능한가_106
1. 폭력과 종교의 친연(親緣)_106
2. 힌두교와 불교의 정당방위론_108
Ⅱ. 힌두교에 나타난 '정의의 전쟁'론_113
1. 아르주나 vs 크리쉬나 = 비폭력 지향 vs 폭력의 정당화_113
2. '정의의 전쟁'론과 카르마 요가_120
3. 폭력/전쟁의 종교적 정당화_126
Ⅲ. 불교에 나타난 '호법(護法)'론_130
1. 대승불교에서 불살생계(不殺生戒)의 강화_130
2. 불수오계(不守五戒)의 허용과 그 이유_133
3. 폭력/전쟁의 정당화와 불성(佛性)사상_145
Ⅳ. 평화, 종교와 폭력의 결별_151

힌두교와 불교에서의 권력과 탈(脫)권력의 문제
-『기타』와『붓다차리타』를 중심으로_155

Ⅰ. 정교일치인가, 정교분리인가_157
1. 종교와 정당정치의 참여 문제_157
2. 연구의 방법_160
Ⅱ. 힌두교적 출가 vs 불교적 출가_161
1.『기타』에 나타난 힌두교적 출가_161
(1) 아르주나의 회의와 그 심층의미_162
(2) 왕법과 해탈법을 둘러싼 회의와 출가의 문제_165
1) 유디스티라의 회의에 비춰본 아르주나의 회의_165
2) 아르주나의 회의에 숨겨진 출가주의_170
3) 크리쉬나의 설득에 나타난 재가주의_174
2.『붓다차리타』에 나타난 불교적 출가_178
(1) 힌두 다르마에 대한 부정_180
(2) 재가주의에 대한 반론_185
Ⅲ. 불교적 출가의 반례(反例)에 대한 비판_188
1. 일본불교에 나타난 왕불일체(王佛一體)론_189
2. 불교계 정당의 반(反)불교_193
Ⅳ. 종교와 현실 정치의 분리_197

후설(後說) 『기타』의 행위의 길(karma-yoga)과 불교
– 『바가바드기타의 철학적 이해』 자평(自評)을 중심으로_203

Ⅰ. 『불교평론』에 서평이 실리다_203
Ⅱ. 『바가바드기타의 철학적 이해』와 불교_207
Ⅲ. 아직 남아 있는 문제_213

⊙ 참고문헌_215

⊙ 찾아보기_220

⊙ 부록 ; 힌두교(내지 인도철학)와 불교 관련 저자의 논문 목록_228

※ 표 차례

표 1 : 크리쉬나의 응답에 대한 분석

표 2 : 제2장의 구조 분석

표 3 : 제1장에 대한 라다크리쉬난의 과목

표 4 : 제1장의 과목 나누기

표 5 : '아르주나의 회의' 부분의 과목 나누기

표 6 : 'dharmya'의 번역 용례

표 7 : 『기타』와 천년왕국 사상의 논리구조

표 8 : 인도종교의 오계관 비교

표 9 : 「금강신품」의 과목 나누기

표 10 : '원인 부분'의 과목 나누기

표 11 : '비유'의 과목 나누기

표 12 : 힌두교와 불교의 논리 구조 비교

표 13 : 제18대 비례대표 선거 결과

표 14 : 산타누의 후손들

표 15 : 효에 대한 유교, 힌두교, 불교의 관점 비교

※ 약호표

BC : Buddhacarita(『붓다차리타/佛所行讚』)

BG : Bhagavadgītā(『바가바드기타』)

BU : Bṛhadāraṇyaka Upaniṣad(『브리하드 아란야카 우파니샤드』)

CU : Chāndogya Upaniṣad(『찬도갸 우파니샤드』)

JU : Jābāla Upaniṣad(『자발라 우파니샤드』)

KU : Kaṭha Upaniṣad(『카타 우파니샤드』)

Mbh : Mahābhārata(『마하바라타』)

Mnt : Mahā Nirvāṇa Tantra(『대열반탄트라』)

MS : Manu Smṛti(『마누법전』)

TU : Taittirīya Upaniṣad(『타이티리야 우파니샤드』)

YS : Yoga Sūtra(『요가 수트라』)

대정장 : 대정신수대장경(大正新修大藏經)

한불전 : 한국불교전서

서설
序說

불교의 눈으로 보는 『기타』

| 서설(序說) |

불교의 눈으로 보는 『기타』

Ⅰ. 『기타』와 불교의 차이

그동안 불교계의 신문이나 잡지에 많은 글을 써왔다. 100% 불교 안에서 불교를 말하는 글이었다. 그런데 근 30년 만에, 처음으로, 불교에 대한 글이 아닌 글을 청탁받았다. 이제 우리 불교도 드디어 다른 종교의 경전이나 인문고전을 바라볼 수 있는 여유가 생긴 것 같다.

사실, 내가 대학에서 공부하고, 가르치는 내용은 주로 '힌두교'에 대한 것이다. 그 중에서도 가장 자주 다룬 책은 『바가바드기타 *Bhagavadgītā*』('신의 노래')라는 힌두교 경전이다. 줄여서 『기타』라고 약칭(略稱)하는 이 책은, 힌두교 신자들 사이에서는 가장 대중적으로 읽히는 경전이다.

힌두교의 경전을 힌두교도가 아닌 불교도가 읽는다면, 어떻게 될 것인가? 힌두교의 책을 읽어나가는 동안에 스스로 갖고 있던 불교적 가치관이나 신앙을 내다버리게 될까? 어떤 새로운 책을 읽을 때마다 백지상태가 되어서 그 경전의 말씀을 있는 그대로 받아들여야 한다면, 그렇게 해야 할 것이다. 불교는 내다 버리고, 힌두교로 그 속을 채워갈 것이다. 그런데 그것은 얼마나 무서운 일인가? 그러니, 그렇게 할 수는 없다. 안전하고도 안전한 길은 아예 안 읽어버리는 것이다.

우리 모두가 그렇게 한다면? 안전하긴 절대적으로 안전할 것이다. 하지만 절대적으로 불교의 원(圓) 자체는 넓어지지도 커지지도 못하고 말 것이다. 그래서 나는 그런 입장을 취하지 않는다.

그렇다면 대안은? 내가 읽을 책이 옛날(기원전 2세기~기원후 2세기), 인도에서 성립된, 힌두교라는 다른 종교의 경전임을 인식한다. 뿐만 아니라 그 책을 읽을 나 자신은 20세기에, 한국에서 태어나 자란, 불교도임을 인식한다. 『기타』나 그것을 읽는 나(독자)나 공히 시간적-공간적 맥락 속에 놓여있다는 것이다. 이러한 시간적-공간적 맥락을 '컨텍스트(context)'라 부른다. 그러니까 나의 컨텍스트를 가지고, 나는 『기타』의 컨텍스트를 짚어가면서 『기타』를 읽어가게 된다는 말이다.

과연 『기타』의 컨텍스트는 나의 컨텍스트를 만나서 어느 만큼 생존 가능할 것인가? 나(독자)는, 나의 컨텍스트를 가지고 『기타』를 읽는만큼 나의 컨텍스트에서 볼 때 수용(受容)하기가 껄끄러운 것들은 괄호를 쳐버리거나, 지우개로 지우면서 『기타』를 읽을 수밖에 없다. 사성계급(카스트)제도와 같은 것도 그렇지만 가장 눈에 거슬리는 것은 폭력에 대한 『기타』의 관점이다.

1. 『기타』, 비폭력인가 폭력인가?

우리는 흔히 인도를 비폭력의 나라로, 힌두교를 비폭력의 종교로 알기 쉽지만 사실은 그렇지 않다. 그러한 인상을 우리가 갖게 된 데에는 비폭력을 주창하고, 그러한 정신으로 인도 독립을 추구해 갔던 마하트마 간디(Mahatma Gandhi, 1869~1949) 덕분(때문)일지도 모른다.

물론, 간디는 경건한 힌두교도였다. 뿐만 아니라, 평생 『기타』를 읽고 말하고 썼다. "『기타』는 내 정신의 사전(spiritual dictionary)"이라고 말하기도 했다. 어떤 행위를 함에 있어서 고뇌가 있을 때는 『기타』를 읽었고, 그럴 때마다 『기타』에서 답을 얻었기 때문이다.

그러나 주의해야 할 것은, 간디의 입장과 『기타』의 입장은 다르다는 점이다. 같다, 라고 주장/강변한 것이 간디 자신이지만, 내가 볼 때(나만이 아니라 많은 학자들이 볼 때에도) 양자는 다르다. 간디는 비폭력을 말했음에 비하여, 『기타』는 폭력을 주장했기 때문이다. 『기타』라고 해서, 비폭력을 주장하지 않는 것은 아니다. 그렇지만 그것은 어디까지나 개인윤리의 차원에서이다. 사회 전체의 맥락을 고려할 때는 폭력을 용인하는 입장을 취하고 있다. 그것이 힌두교다.

이 말이 무슨 말인가? 다시 차분히 생각해 보기로 하자. 상대가 나를 때리지 않았다. 그럴 때 나 역시 상대를 때리지 않는다. 이것은 비폭력인가? 아니다. 그런 것은 너무나 당연한 일일 뿐, 비폭력이라 할 만한 것이 아니다. 그런데 상대가 나를 때렸다. 나는 이유도 없이 맞았다. 얼마나 억울하겠는가? 보통 사람이라면, 나도 상대에 맞서서 때리고 싶어진다. 이때 내가 상대를 때리면, 나는 죄를 짓는가? 죄가 아닐 수도 있다. 정당방위라는 것도 있기 때문이다. 그럼 정당방위는 비폭력인가? 아니다. 그럼 비폭력이란 무엇인가? 상대가 나를 때렸다. 그렇게 맞고서도 상대를 때리지 않는다. 그것이 비폭력이다. 간디는 이러한 비폭력을 주장한다.

그렇지만 『기타』는 그런 의미의 비폭력을 주장하지 않는다. 상대가 나를 때리는 것은, 이 세상의 질서(dharma)를 어지럽히는 일이다. 이 혼란을 바로잡기 위해서는 어떻게 해야 하는가? 폭력에 대한 폭력이 필요해진다. 그러니까 폭력에 대한 폭력은, 행사해야 할 정당한 폭력인 것이다. 그러한 폭력은 용인된다. 그렇게 폭력을 행사해서라도 세상의 질서를 바로 잡아야 한다. 그러한 성스러운 의무(dharma)를 띠고 이 세상에 출현하는 것이 신—특히 비쉬누(Viṣṇu)—이다. 신의 아봐타(avatar, 化現, 化身)이다. 그러므로 『기타』는 "결단을 내리고서 전쟁을 위하여 떨쳐 일어나라"(2 : 37)고 설한다.

이렇게 성전(聖戰), 즉 정의의 전쟁을 정당화하는 논리를 『기타』는 갖고 있다. 왕위 계승을 둘러싼 사촌 형제들의 싸움에서, 과연 상대편의 전사들을 다 죽이고서라도 우리는 승리를 쟁취해야 하는가? 『기타』의 주인공 아르주나(Arjuna)는 회의(懷疑)를 한다. 그리고서는 활을 내다버리고 땅에 주저앉는다. "그들이 (나를) 죽이려 하더라도, 나는 그들을 죽이고 싶지 않소"(1:35)라고 말한다. 이렇게 전쟁을 못 하겠다고 하는 아르주나를 설득하는 신(비쉬누)의 아봐타 크리쉬나(Kṛṣṇa)의 말씀이 바로 『기타』의 내용이다.

결국 아르주나는 다시 활을 손에 잡게 되고, 전쟁에 나아가게 된다. 그것이 힌두교의 사회윤리이고, 그렇게 하도록 만드는 것이 크리쉬나의 논리이다.

앞에서 나는, 상대가 나를 때리더라도 나는 상대에게 복수하지 않는 것을 비폭력이라 말했다. 그러니까 "그들이 (나를) 죽이려 하더라도, 나는 그들을 죽이고 싶지 않소"라고 했던 아르주나의 그 당시 태도는 비폭력인 것이다. 나중에 크리쉬나로부터 설득을 당해서 참전하게 될 때, 아르주나는 비폭력으로부터 폭력으로 전향(轉向)하는 셈이 된다.

2. 회의, 비폭력, 그리고 붓다

그럼 우리의 붓다는 누구 편일까? 회의할 당시의 아르주나일까, 아니면 그런 아르주나를 설득하는 크리쉬나일까? "원한을 원한으로 갚지 말라. 원한에 의해서는 원한은 마침내 쉬지 않을 것이다"라는 『법구경』의 말씀에 비추어 본다면, 붓다는 회의하는 아르주나의 입장이 옳다고 손들어 준 것으로 나는 본다. 즉 불교의 컨텍스트에 비추어 보는 한, 불교도인 나는 『기타』를 아르주나의 회의라는 점에 초점을 두고서 읽게 된다. 이러한 독법(讀法)은 『기타』를 해체(解體)하여 읽는 것이고, 반(反)『기타』라 아니할 수 없다.

여기서 다시 생각해 보아야 할 것은 『기타』에 대한 간디의 입장이다. 간디는 우리가 다 알다시피, 비폭력을 주장했다. 그러면서도 『기타』를 '정신의 사전'이라 불렀다. 바로 여기에 문제가 있다. 그것은 모순으로 보이기 때문이다. 어떻게 비폭력을 주장하는 사람이 폭력을 용인하는 텍스트를 의지할 수 있다는 말인가? 간디의 『기타』 해석은 바로 이러한 자기모순을 해결해 보고자 하는 시도였던 것이다.

나는, 불교학자의 눈으로 『기타』를 바라볼 때 간디의 『기타』 해석은 틀렸다고 본다. 간디가 비폭력을 주장하려면 할수록, 간디는 『기타』를 의지하기보다는 오히려 비판했어야 한다고 생각한다.

앞서 우리는 비폭력에 대한 정의를 살펴보았다. 그럼 상대가 나를 먼저 때리지 않았다. 혹시라도 나를 때릴 우려가 있으므로, 사전에 그러한 위험을 제거하기 위해서 상대를 내가 먼저 때린다면, 어떻게 될까? 그것은 비폭력일까? 폭력일까? 그러한 논리는 마치 방위에 정당방위가 있는 것처럼, 공격에도 '정당공격'이 있다고 말하는 논리라 할 수 있을 것이다. 우리는 지금, 이 질문에 대해서 "말도 안 돼!"라고 말할 수 있지만, 바로 10여 년 전에 미국이 이라크를 공격했던 것은 바로 그러한 논리가 아니었던가. 그리고 우리는 우리의 '국익'을 위하여, 그러한 미국의 '정당공격'론에 동조하지 않았던가.

말하자면, 우리의 시대는 여전히 폭력의 용인 논리가 지배하고 있다는 것이다. 그리고 『기타』 역시 그러한 폭력 용인의 논리 역시 설하고 있다. 그러니까 비폭력을 설하는 『법구경』의 말씀을 우리가 존중하려고 한다면, 그런 입장을 갖는 불교도로서 『기타』를 읽을 때는, 폭력 용인의 입장을 지우개로 지우고서 읽어야 한다는 말이다.

그런 뒤에도 읽을 가치가 있는 이야기가 있다면, 그것은 우리 불교의 이야기와 다르지 않은 이야기일 수 있다. 그 부분을 나는 '텍스트(text)'라 부른다.

II. 『기타』와 불교의 상통성(相通性)

힌두교의 성전인 『기타』에 대한 나의 사색은 1992년 이래 지금까지 이어지고 있다. 아직 그 늪(?)에서 벗어나지 못하는 것은 왜일까? 거기에 나의 '주제'가 있기 때문이었다.

우리가 '나'라고 할 때, '나'는 어떤 존재일까? 이 물음은 '나'라는 존재의 본질을 묻는 물음이 아니다. 존재의 양식을 묻는 물음인데, 이에 대한 나의 대답은 두 가지 차원이 고려되어야 한다는 것이다. "나 vs 나"라는 차원과 "나 vs 다른 존재"의 차원이다.

1. 지혜와 행위의 조화

"나 vs 나"의 차원에서 요구되는 과제는 깨달음이다. 이를 위한 최선의 방법론은 선(禪)이다. 그런 까닭에 불교는 자리(自利)의 선으로부터 출발하는 것이라 볼 수 있다. 그런데 문제는 "나 vs 다른 존재"의 차원 역시 고려되어야 한다는 점이다. 전자만 있고 후자가 없다면, 자리만 있고 이타(利他)는 없게 되리라. 그것은 바로 소승(小乘)이 아닌가.

자리의 입장에서 최선의 방법론이 선이라면, 이타의 차원에서 최선의 방법론은 대승불교의 보살행이다. 그러므로 내게 과제는, 어떻게 하면 이 양자를 잘 조화할 수 있겠는가 하는 점이다. 이러한 나의 문제의식에 해답을 제시해준 분이 바로 보조지눌(普照知訥, 1158~1210)스님이었다. 돈오(頓悟)는 자리의 문제에 대해서 해답을 주고, 점수(漸修)는 이타의 문제에서 해답을 주고 있다. 특히 후자에는, 『절요(節要)』에서 말해지는 대로 화엄의 보살행이라는 차원이 있었다.

『기타』에 대한 첫 논문 「바가바드기타에 보이는 카르마 요가의 윤리적 조명-불교윤리와 관련하여-」(『인도철학』 제2집)을 발표한 1992년에 이러한 생각을 갖고 있었다. 석사과정 학생이었던 1987년부터 1992년까지 6년간, 송광사에서 설립한 "보조사상연구원"의 간사로 일하면서 보조지눌스님을 읽은 덕분인지도 모르겠다.

그런데 『기타』를 읽어보니, 『기타』야말로 바로 그러한 이야기를 하고 있는 것 아닌가. 자리적 차원에서는 깨달음(『기타』의 용어로는 지혜jñāna)을 말하고 있으면서, 이타적 차원에서는 보살행(『기타』의 용어로는 행위karma)을 말하고 있지 않은가. 그것도 양자의 결합과 조화가 필요하다고 말이다. 불교적으로 말하면, 지혜와 행위의 회통

(知行會通)을 말하고 있었던 것이다.

회통은 서로 다른 양자의 존재를 인정하면서도 그 양자가 함께 어우러질 때 쓰는 말이다. '모일 會'라는 글자는, '수도 서울'이라는 말이다. 그러므로 회통은 "수도인 서울에 가기만 하면 어떤 곳에서 온 사람이라도 다 만날 수 있다"라는 이야기이고, "수도 서울에 가기만 하면 거기에 이르기 위해서 타고 온 교통편의 차이나 행로(行路)의 차이는 문제되지 않는다"는 이야기이기도 하다. 그러니까 '회통'이라는 말은 동아시아의 불교에서 쓰이는 말이었지만, 그러한 사고방식 자체는 인도의 힌두교에서도 존재했던 것이다. 지행회통에 해당하는 산스크리트 "jñāna-karma-samuccaya"를 그 제목으로 쓴『기타』주석서가 있음을 통해서도 잘 알 수 있다.

인도의 힌두교 경전인『기타』에서 말하는 지혜는 "내가 곧 아트만이다"는 사실을 아는 것을 말한다.(산스크리트에서 '깨닫다'와 '안다'는 말은 공히 √budh라는 말을 어근으로 갖는다.) 아트만(ātman)은 궁극적으로 참된 나를 가리키는 용어이다. 브라만(brahman)과 같기에 범아일여(梵我一如)라 말해진다. "내가 곧 브라만이다", "내가 곧 아트만이다"라는 말을 들으면, 우리 불교도들은 "내가 곧 부처다"라는 말이 생각날 것이다.

그렇다. '아트만/브라만'과 '부처'라는 말 사이에는 개념적인 차이가 없지 않으나, 그 형식에서 볼 때는 궁극적 존재 내지 궁극적 깨달음을 내 안에서 찾는다는 점에서 동일하다. 다만 "내가 아트만이다"라거나 "내가 브라만이다"라는 말은 힌두교에서 하는 말이고, "내가 부처다"라는 말은 불교, 특히 대승불교나 선에서 강조하는 말이다.

그런데 이러한 지혜는 『기타』에서 처음 말하는 것이 아니었다. 이미 그보다 앞서 성립한 우파니샤드 문헌들에서 폭넓고도 깊이 설해졌던 것이다. 그러므로 『기타』의 새로움은 지혜를 말한다는 점에 있는 것이 아니라 지혜를 행위의 출발점으로 삼았다는 점에 있으며, 지혜는 지혜 그 자체를 위해서 존재하는 것이 아니라 행위를 위하여 존재한다는 점을 말한 데 있었다. 우파니샤드에도 그러한 흔적을 찾을 수는 있지만, 『기타』에서의 강조와 역설을 생각하면 그 밀도는 현저히 떨어지는 것이 사실이다.

이렇게 『기타』를 펼쳐놓고 지행회통의 입장을 살펴보는 것은, 바로 보조지눌스님의 가르침에서 배웠던 선과 행의 회통이라는 문제를 한 번 더 살펴보고 강조하는 의미가 있는 것으로 생각되었다. 지혜와 행위의 조화라는 문제를 불교에서는 어떻게 말하고 있으며, 힌두교에서는 또 어떻게 말하고 있는지 함께 살펴보고(共觀), 함께 공부하는(共學) 것은 하나의 새로운 방법론이라 해도 좋으리라.

2. 세 가지 길의 조화

이 글에서 지행회통을 설명하는 데, 나는 지혜로부터 시작하였다. 그것이 개념 설명의 순서상 편리해서였다. 그러나 사실 1992년의 논문에서는 그렇게 하지 않았다. 행위를 중심으로 했던 것이다. 지혜라고 하더라도 행위의 전제라는 위상을 갖는 것으로 말해졌을 뿐이다. 이는 어떻게 보면, 지혜와 행위의 회통을 말하고는 있었지만 실제로는 『기타』와 나 자신 공히 행위에 중심을 두고 있었음을 의미한다.

왜 그랬을까? 그렇게 행위의 문제를 중심으로 『기타』를 읽었던 것은, 음~, 아마도, 내 자신이 7080세대여서 그랬을지도 모른다. 그 시대의 화두는 지혜보다는 행위였기 때문이다. 아니, 행위의 입장에서 지혜에만 안주하는 풍토를 비판적으로 생각했던 것 아닌가. 우리의 현대불교에도 그러한 행위 중심의 관점이 부족했던 것은 아닐까, 하는 생각이 영향을 미쳤기 때문이었으리라.

이러한 경향은 7080세대인 나에게만 일어나는 일은 아니었다. 인도에서도 그랬다. 『기타』는 바로 그러한 컨텍스트를 의식하면서 『기타』를 읽는 사람들에게 영감과 힘, 그리고 용기를 제공해주는 텍스트였던 셈이다. 인도가 영국 제국주의의 지배 아래 놓여 있었다는 컨텍스트 속에서 근대의 선각자들(=힌두교 부흥운동 지도자들)은 다 행위를 중심으로 해서 『기타』를 재해석하고자 했다.

그를 통해서, 인도 민중들에게 "일어나라, 영국에 대항하여 싸워라"는 메시지를 전하고 싶었던 것이다. 대표적으로 틸락(1856~1920), 간디(1869~1948), 오로빈도(1872~1950), 비베카난다(1863~1902), 비노바 바베(1895~1982)와 같은 해석자들이 다 그러하였다. 모두 "『기타』로 돌아가자"는 것인데, 그것은 바로 『기타』의 가르침에 의지하여 행위하자는 메시지에 다름 아니었다.

나는 지금도 이러한 행위 중심의 『기타』 해석에 대해서 공부하고 있고, 글을 쓰고 있다. 특히 틸락과 간디에 대해서 주로 생각해

오고 있다. 그렇지만 지난 20여 년 동안 내 생각도 조금은 변하였다. 나이가 들어가는 소식인지는 알 수 없으나, 그전보다 훨씬 더 '믿음(bhakti)'에 대해서 생각하는 시간이 많아졌다. 이 믿음은 지혜, 그리고 행위와 함께 『기타』에서 제시하는 세 가지 길의 하나이다.

『기타』의 믿음은 신에 대한 믿음이다. 그러한 믿음을 통해서도 구원에 이를 수 있다는 것이다. 지혜의 길과 행위의 길에 더하여 믿음의 길 역시 제시되어 있다는 것은 『기타』의 또 다른 특징이라 할 수 있다. 행위 역시 우파니샤드에서 그다지 강조되지 않았지만, 믿음은 더욱더 비중이 없었다. 그만큼 믿음의 길이 설해져 있다는 것은 『기타』가 성립되던 시대(기원전 2~기원후 4세기)의 사정을 반영한 것으로 생각된다. 대중들에게 믿음을 쉬운 길(易行道)로서 제시하였던 것이다.

지혜와 행위를 회통한 것처럼, 『기타』는 이번에도 여지없이 그 실력을 발휘한다. 지혜는 믿음의 전제가 된다고 말하며, 또 믿음을 전제로 해서 행위가 가능하다고 말한다. 그렇게 세 가지 길은 서로 서로 의지하면서 행해져야 한다는 것이다. 이른바 삼도회통(三道會通)이라 할 만한다. 마하트마 간디 같은 해석자는, 행위에 강조점을 두면서도 삼도회통의 맥락에서 『기타』를 바라보고 있다 해도 좋다.

『천수경』이나 『백화도량발원문』(의상스님 지음)을 중심으로 관음신앙을 해오던 나 자신, 나이가 들면서 점점 더 "나무아미타불"의 정토신앙에 잠심(潛心)하고 있다. 그에 비례해서 『기타』의 세 가지 길 중에서 '믿음의 길'에 더욱 마음이 가게 되었으니, 그 출발점은 2006년에 쓴 「바가바드기타와 관련해서 본 한암의 염불참선무이론」(『한암사상연구』 제1집)이라는 논문이었다. 행위에 초점을 둔 해석자들(틸락과 간디)의 관점을 살펴보는 일 역시 아직 미완성이지만, 앞으로는 『기타』의 믿음과 우리 불교의 정토신앙을 함께 살펴보는 방향으로 더욱더 나아가야 할 것같다.

이렇게 『기타』를 읽는 것은, 『기타』 안에서 불교와도 상통할 수 있는 점을 찾아가는 길이다. 나는 그 상통하는 측면을 텍스트라 불러서, 비판하고서 내다버려야 할 부분을 컨텍스트라고 부른 것과 구별한다. 이러한 작업을 통해서, 나는 우리 불교를 좀 더 풍요롭게 하고 싶고 좀 더 새롭게 보고 싶다. 그것이 『기타』를 읽고 또 읽는 까닭이다.

(2014년 4월, 『현대불교』)

제1부
전쟁과 회의(懷疑)의 문제

『기타』의 윤리적 입장에 대한 불교적 비판
-"아르주나의 회의 vs 크리쉬나의 응답"을 중심으로-

아르주나의 회의와 그 불교적 의미

제1부 전쟁과 회의(懷疑)의 문제

『기타』의 윤리적 입장에 대한 불교적 비판

-“아르주나의 회의 vs 크리쉬나의 응답”을 중심으로-

이 글은 『기타』에 대한 나의 첫 논문은 아니다. 하지만 이 논문 뒤에 이어지는 연구들을 이끄는 매우 중요한 자리를 차지하는 글이다.

무엇보다도 『기타』를 바라보는 나의 독서법이 이 글에서 최초로 정립(定立)되고 제시된다. 그것은 바로 컨텍스트와 텍스트 구별하기라고 할 수 있다. 『기타』 안에는 그것이 성립할 당시의 인도라는 시공(時空)적 배경이 있는데, 그 시공적 배경을 '컨텍스트'라고 부른다. 그런데 문제는 그러한 『기타』의 컨텍스트와 그것을 읽는 나/독자/해석자의 컨텍스트가 반드시 일치하지 않는다는 점이다. 이러한 차이를 예리하게 있는 그대로 의식하면서, 현재 나/독자/해석자의 컨텍스트로부터 『기타』의 컨텍스트를 비판하고 배제하는 독서가 필요하다는 것이다. 이렇게 함으로써 마침내는 『기타』의 컨텍스트가 사라지고 남는 부분이 있다. 바로 그 부분은 나/

독자/해석자에게도 수용 가능한 부분이 된다는 것이다. 그것을 '텍스트'라고 부른다. 이때 '텍스트'의 의미는 책이라는 뜻이 아니라 보편성이라는 의미가 된다.

이러한 독서법의 입장에서 볼 때, 나는 인도의 힌두교도가 아니라 한국의 불교도이다. 그런 입장에서 『기타』의 논리, 즉 아르주나의 회의를 잠재우고, 그로 하여금 용감한 전사로 거듭나도록 설득하는 크리쉬나의 논리를 비판한다. 형이상학적 측면에서 비판하는 것은 아니다. 어떠한 형이상학도 개인적 차원 안에서라면 존중되어야 할 것이다. 그런데 문제는 형이상학이 윤리적 차원으로 내려와서 적용될 때이다. 그때는 그의 형이상학이 나와 관련되게 된다. 그러므로 이 글에서 행해지는 『기타』의 비판, 즉 크리쉬나 비판은 형이상학적 차원이나 종교적 차원의 비판이 아니다. 엄격히 윤리적 차원 안에서의 비판이다.

그런 비판을 위해서 동원되는 것은 붓다 당시 도덕부정론자였던 파쿠다 카차야나에 대한 비판 논리, 세속적인 현실에 불교가 굴복한 모습으로 볼 수도 있는 세속오계에 대한 비판, 그리고 정신적 무집착과 윤리적 무집착의 무분별 등에 대한 비판 등이었다. 이들은 사실 과거의 『기타』라는 책에 대한 비판이 아니라, 그 이상으로 오늘 현재 불교를 비롯한 종교에 대한 성찰의 촉구이다. 애당초 이 글은 「바가바드기타의 윤리적 입장에 대한 비판적 고찰」이라는 제목으로 『종교연구』 제19집(서울: 한국종교학회, 2000, pp.83~103.)에 발표한 것이다. 논지의 변화는 전혀 없지만, 전체적으로 문장의 수정과 보완을 거쳤으며, 이 책의 전체적인 맥락에 맞추어 제목 역시 고쳤다.

주요어 : 아르주나, 크리쉬나, 회의, 아힘사, 형이상학, 현실주의, 임전무퇴, 파쿠다 카차야나, 간디.

Ⅰ. 크리쉬나의 응답, 과연 보편적인가

1. 크리쉬나의 논리와 불교적 읽기

서사시 『마하바라타』 제6권 비쉬마의 책[Bhiṣmaparvan]에 소속되어 있는 철학적 시편이 따로이 유통되면서 『기타』라는 이름으로 불리었다. 인도의 대서사시 『마하바라타』는 두료다나(Duryodhana)를 중심으로 한 드르타라쉬트라(Dhṛtarāṣṭra)의 아들 100명과 유디스티라(Yudhiṣṭhira)를 중심으로 한 판두(Pandu)의 아들 5명 사이에 왕위계승을 둘러싼 이야기이다. 사촌 사이에 일촉즉발 전운이 감도는 전쟁터를 무대로 이야기는 시작된다.

판두 5형제 중의 셋째인 아르주나(Arjuna)는 그 전쟁이 친족 사이의 상쟁(相爭)이라는 현실에 회의(懷疑)한다. 인간으로서 차마 인륜을 저버릴 수 없다는 아르주나의 회의에 대하여 아르주나의 마부(馬夫)로 화현한, 비쉬누(Viṣṇu)신의 화신 크리쉬나(Kṛṣṇa)는 아르주나에게 임전무퇴(臨戰無退)의 용기를 불어넣는다. 이렇게 보면, 『기타』의 문답구조는 분명한 것처럼 보인다. 그러나 실제는 그렇게 선명하지 않다. 그것은 아르주나와 크리쉬나의 대화에 나타난 주제의 다양성과 장황함으로 말미암아 초점이 흐려졌기 때문이다. 물음은 간단한데, 그에 대한 답변은 멀리 우회(迂回)를 거듭하고 있는 것이다. 그런 까닭에 해석자의 관점에 따라서 『기타』의 사상에 대한 평가는 다양하게 그 중심이 이동될 수밖에 없었던 것인지도 모른다. 후대의 여러 주석가들은 갸냐 요가(jñāna-yoga, 지혜의 길) · 카르마 요가(karma-yoga, 행위의 길) · 박티 요가(bhakti-yoga, 믿음의 길) 중 그 어느 하나의 해탈론을 보다 중심적인 주제로 설정하면서 저마다 『기타』를 해석했던 것이다. 이러한 해석학적 관점은 그 어느 경우에나 일리(一理)가 있으나, 그 일리를 진리(眞理)로서 고집하여 다른 길을 무리(無理)라고 배척해야 할 것은 아닌 것으로 나는 생각한다.

그렇지만 『기타』를 이해함에 있어서 『마하바라타』적 컨텍스트를 감안한다면, 『기타』는 아르주나의 회의로부터 촉발되는 물음에 대하여 크리쉬나의 응답이 그 내용을 이루는 것으로 보아야 할 것이다. 이 점을 예리하게 의식하고 있는 M.M.Deshpande는 다음과 같이 말하고 있다.

> 나의 논문 「바가바드기타의 서사시적 맥락」에서, 나는 『기타』는 그 서사시적 맥락에서 해석되어야 하며, 『기타』의 서사시적 맥락은 그 철학적 논의들을 의미심장하게 형성시키고 있음을 드러내 보였다. 이는 전쟁터에서 벌어진 두 크샤트리아들 사이의 대화에서이다. 텍스트의 출발점은 아르주나가 전쟁을 포기하려는 것이며, 그 결론은 다시금 전쟁에 참여하려는 그의 결단이다. 그 중간에 일어난 일들은 무엇이든지 포기하려는 아르주나를 전쟁에 다시금 참여시키기 위한 그 무엇으로서 이해되어야 한다. 이러한 텍스트의 내적 지향성을 인정하지 않는 그 어떠한 『기타』 해석도 의도된 본래의 메시지에 가까이 다가갈 기회를 거의 갖지 못할 것이다.[1)]

1) M.M. Deshpande 1995, p. xvi.

우리가 간과하기 쉬운 측면에 대한 주의를 환기하였다는 점에서 위의 인용은 그 의미가 평가되어야 할 것이다. 그런데 문제는 그 중간에 개재되어 있는 장황하게 반복되는 설법의 의미를 "아르주나의 회의 vs 크리쉬나의 응답"이라는 구조 속에서 이해하는 데 적지 않은 어려움이 있다는 것이다. 갸냐 요가 · 카르마 요가 · 박티 요가 등이 어떠한 맥락에서 아르주나의 회의를 극복함에 있어서 도움을 주었다는 말인가? 이러한 문제에 대한 해답의 제시는 물론 가능하며 심재룡의 작업[2] 역시 그러한 범위에 걸쳐 있는 것이다. 그런데 나는 여기서 문제의식을 달리하고 싶다. 비록 Deshpande의 언급처럼 아르주나의 물음과 크리쉬나의 응답이 『기타』 전체 속에서 대응된다고 하더라도, 제1~2장만으로 범위를 한정하여 아르주나의 회의에서 제기된 물음에 대하여 크리쉬나가 과연 어떠한 논리로 응답하고 있는지 살펴본 뒤에, 그러한 입장이 어떠한 윤리적 난점을 갖고 있는지 불교적 입장에서 비판적으로 고찰해 보고자 하는 것이다.[3]

2. 컨텍스트와 텍스트의 구분

나의 『기타』 읽기는 몇 가지 선험적 조건의 존재를 예민하게

2) 심재룡 1990, pp.300~334. 참조.

3) 이를 통해서 해명된 논리에 박티 요가의 입장에서 제시된 설득의 논리를 추가하면 크리쉬나의 응답 논리를 전체적으로 파악할 수 있게 될 것이다. 박티 요가의 입장에서 이루어지는 설득의 논리는 BG 11:33 참조.

의식하고 있다. 흔히 어떤 텍스트를 읽음에 있어서 일체의 선입견을 버려야 한다는 말을 많이 듣지만, 과연 그것이 가능한 것일까? 그렇지 않다는 점은 하이데거(M. Heidegger)와 가다머(H.G.Gadamer) 사제(師弟)에 의해서 정립된 '철학적 해석학'이 가르쳐주는 바이다. 진정한 독서/이해는 모든 선입견을 버리고서야 가능한 것이 아니라 오히려 그것을 하나의 해석학적 지평으로서 인정한 뒤에 텍스트가 갖고 있는 또 다른 지평과 만나야[地平融合] 한다는 것이다. 이러한 권유를 받아들일 때 나의 『기타』 해석에 있어서 전제가 되는 것은 내가 인도사람이 아니라 한국사람이며, 힌두교도가 아니라 불교도라고 하는 사실이다. 인도사람이 아니라 한국사람이고 힌두교도가 아니라 불교도인 내가 인도에서 만들어졌으며 힌두교도에게는 성서의 위상을 점하고 있는 『기타』를 읽는다고 하는 사실은 새로운 창조적 해석의 가능성으로 기능할 수 있으리라 생각한다.

여기서 반론이 예상된다. 고전 텍스트는 동과 서, 고와 금을 초월하는 보편성을 갖고 있는 것 아닌가? 널리 받아들여지고 있는 그러한 상식적 관점에 대해서 나 역시 일단 동의해 두기로 하자. 인문학의 고전 텍스트는 동과 서, 고와 금을 초월하는 보편성을 갖고 있음이 널리 인정된다. 하지만 과연 모든 고전과 원전들이 보편성을 갖는 것일까? 그것들 속에는 시공의 제약에 의해서 주어지는 구체성은 완전히 배제된 것일까? 그렇지는 않을 것이다. 여기서 말하는 시공의 제약에 의해서 주어지는 구체성을 '컨텍스트(context)'라 부른다면, 모든 고전은 나름대로의 컨텍스트를 반영하고 있는 것으로 보아야 할 것이다. 물론 컨텍스트가 반영되는 정도는 고전들마다 어느 정도 다를 수 있으리라 생각된다. 예컨대 같은 불교 책이라고 하더라도 『아함경』에 반영된 컨텍스트의 정도와 『아비달마구사론』에 반영된 컨텍스트의 정도는 분명 차이가 있을 수밖에 없는 것이다. 두말할 나위 없이, 『아함경』이 『아비달마구사론』보다도 더 많은 컨텍스트를 반영하고 있는 것으로 평가할 수 있다.

이러한 관점에서 볼 때, 『기타』는 고대 인도철학의 다른 고전들보다도 컨텍스트를 반영하고 있는 비중이 현저하게 많은 것으로 생각된다. 그럴 수밖에 없는 것이, 『기타』 그 자체가 서사시 『마하바라타』 속의 한 부분이었기 때문이다. 서사시, 그것은 말 그대로 사(事)를 서술하는 것 아닌가. 곧 시간과 공간 속에 놓여있는 구체성으로서의 컨텍스트가 개입되어 있다는 사실은 『기타』의 성립사가 말해주고 있는 것이다. 왕위를 사이에 둔 동족간의 상쟁, 그 속에 놓인 주인공 아르주나의 회의, 그러한 현실(reality)[4]이 곧 컨텍스트라 하겠다. 요컨대 『기타』의 컨텍스트와 해석자/나의 컨텍스트가 다르다는 점에서 『기타』의 독서법은 『기타』의 컨텍스트를 배제해야 할 필요가 있게 된다. 『기타』의 윤리적 입장에 대한 집중적인 재조명을 시도하는 이 글에서 구체적인 컨텍스트와 보편적인 텍스트를 예민하게 구분 지으면서 논리를 전개하는 것도 이러한 방법론에서이다. 그것은 곧 『기타』 안에서 텍스트/보편성 찾

4) 『마하바라타』가 문학이라 할지라도, 모든 문학[Fiction · 空]에는 현실[Reality · 色]이 담겨있는 것이다. 가상현실처럼, 문학은 허구와 현실의 경계/문턱이고, 그런 점에서 문학은 결코 현실 밖에 존재하는 것이 아님은 두 말할 나위가 없다. 김호성 1998a, p.198. ; 김호성 2009a, p.123.

기가 될 것이며, 곧 『기타』의 토착화—어느 정도는 불교화—과정이 되리라 본다.

II. 아르주나의 회의와 그 의미

1. 회의의 이유

아르주나는 왜 회의하고 있는가? 비록 『기타』를 읽지 않은 사람이라도, 쉽게 그 정황만으로도 해답을 짐작할 수 있을 것이다. 전쟁에서 맞서 싸우고, 우리의 승리를 위하여 죽여야 할 적들이 다름 아니라 바로 친족이기 때문이다. 싸우려는 의지로 충만하여 집결된 피아(彼我)의 병사들이 바로 "조상들, 스승들, 숙부들, 지도자들, 아들들, 손자들, 친구들, 그리고 장인들"(1:34)임을 인식하고서 『기타』의 주인공 아르주나는 외친다.

> 크리쉬나여, 나는 승리를 열망하지 않으며
>
> 왕권도 즐거움도 [열망하지 않소.]
>
> 고빈다여, 왕권이 우리에게 무슨 소용이 있으며,
>
> 쾌락이나 삶이 무슨 소용이 있겠소?[5]

5) "na kāṅkṣe vijayaṁ, Kṛṣṇa, na ca rājyaṁ sukhāni ca : kiṁ no rājyena, Govinda, kiṁ bhogair jīvitena va." BG 1:32. 이 책에서 BG 원문의 인용은 기본적으로 R.N.Minor 1982의 구두점 방식을 따른다.

정치란 무엇인가? 누구를 위한 행위인가? 바로 저기 전쟁터에서 있는 자들을 위한 행위가 아니던가? 왕위가 필요하다고 하더라도 역시 저들을 위해서 필요한 것 아닌가? 아르주나의 회의는 위민(爲民)[6]을 이상으로 내건 정치가 실제로는 허구가 아니냐는 것이다. 입으로는 저들 백성을 위해서 정치를 행한다고 말하면서도 때때로 위정자들은 백성들의 생명을 수단으로 삼기를 주저하지 않는다(1:33). 주객전도의 소외에 다름 아닌 것이다. 이러한 상념들이 아르주나로 하여금 전쟁을 해야 하는냐, 아니면 하지 말아야 하느냐 하는 회의의 늪으로 몰아넣었음에 틀림없다. 이러한 회의의 혼돈 속에서, 마침내 아르주나는 실존적 결단을 내린 것처럼 보인다.

> 또한 저들이 [나를] 죽이려 하더라도,
>
> 나는 저들을 죽이고 싶지 않소.
>
> 마두수다나여, 삼계의 지배권을 위해서도 또한 [저들을 죽이지 않을 터인데]
>
> 어찌 이제 땅을 얻고자 해서 [저들을 죽이고자 하겠소.][7]

비록 반복되는 크리쉬나의 설교로 인하여 설득 당한다고 하더라도, 이러한 아르주나의 회의는 매우 중차대한 의미를 우리에게 제시한다. 그것은 전쟁과 같은 극한상황 속에서도 인간이 취할 수

---

6) 이러한 위민(爲民)의 민주주의 이념은 사실 근대 서구사회에 이르러 비로소 형성된 것은 아니다. 동양의 전통사회의 윤리학이나 정치철학에서도 이미 확립되어 있는 바이다.

7) "etān na hantum icchāmi ghnato 'pi, Madhusūdhana, api trailokya-rājyasya hetoḥ, kiṁ nu mahī-kṛte?" BG 1:35.

있는 또 다른 길이 있음을 암시하고 있기 때문이다. 전쟁이라는 상황은 피아를 가르는 흑백논리만이 득세하게 된다는 점에서 비인간적 상황이라 할 수 있다. 그런 비인간적 상황 속에서 아르주나와 같이 한 개인이 행하는 의식 있는 행위들이 무슨 의미가 있는가, 라는 질문의 제기도 물론 가능하다. 한 개인의 힘만으로 비인간적 상황을 반전(反轉)시키지는 못한다. 그렇다고 하더라도 비인간화의 상황 속에서 인간화를 위한 작은 틈새를 만들어 내는 한 개인의 의식 있는 결단이 주는 의미가 작다고 할 수만은 없는 것 아닐까.[8] 그렇다면 아르주나가 제3의 길로서 회의를 선택한 이유는 무엇인가?

그 이유는 아르주나의 적이 그의 친족이라는 현실에서 찾아진다. 친족에 대한 염(念)은 인간이라면 자연발생적으로 갖게 되는 것이지만, 아르주나의 그러한 태도의 배후에서 우리는 힌두교의 문화적 특징 하나를 확인하게 된다. 힌두교가 가족주의 문화라는 점이다. 만약에 친족을 죽이게 되었을 때 초래하게 되는 폐해는 "영원한 가족의 법도가 무너지는 것"(1:40)이다. 여기서 말하는 가족의 법도는 여성들에 대한 차별적 태도가 드러나 있는 가부장적 종법(宗法) 질서(1:41), 조상들에 대한 제사(1:42), 계급 질서의 유지(1:43) 등을 그 내포로 삼고 있는 것이다. 그런데 이러한 가부장제를 구성하는 내포들은 동아시아의 유교문화권을 살아온 우리로서는 익숙하게 들어온 것에 다름 아니다. 그러한 맥락에서 일단 힌

8) 나는 전쟁이라는 상황 속에서 꽃피어 나는 한 개인의 실존적 행동의 의미를 적극적으로 평가해 본 일이 있다. 김호성 1996, pp.190~203. ; 김호성 2008a, pp.186~198. 참조.

두교윤리와 유교윤리의 동질성[9] 하나를 확인하게 된다.

2. 회의의 의미

아르주나가 회의할 수밖에 없었던 이유가 가부장제의 입장에서 동족상잔의 죄악을 범할 수는 없다는 입장에 있었음을 확인하였다. 이러한 아르주나의 회의에 대하여 심재룡은 이기주의라고 평가절하한다. "(이기적인 이유로) 싸우지 않느냐? 아니면, (멸사봉공하는 이타적인 이유로) 싸우느냐? 선택의 기로는 결국 이기주의와 이타주의의 갈등으로 귀결한다"[10]고 본다. 그러나 나는 그렇게 보지 않는다. 크리쉬나의 응답과 설득을 감안하더라도, 이런 식으로 평가하는 것은 아르주나의 회의에 담긴 윤리적 의미를 간과하게 만드는 것으로 비판되어야 할 것이다. 손쉽게 아르주나를 비판하기보다는, 아르주나의 회의 속에 함축되어 있는 윤리적 의미를 좀 더 진지하게 생각해 볼 필요가 있을 것으로 본다. 아르주나의 회의 속에는 긍정적 의미가 숨어 있기 때문이고, 그것은 구체적 컨텍스트의 한계를 넘어서서 보편적 의미를 갖고 있는 것으로 평가되기 때문이다. 비록 『기타』의 컨텍스트 속에서는 회의가 다만 한 순간의 흔들림으로 끝나버렸지만 말이다.

---

9) 중국-유교와 인도-힌두교 사이의 동질성에 대해서는 가족주의/가부장제 하에서의 효 문제를 중심으로 살펴본 일이 있다. 김호성 2001, pp.67~94. ; 김호성 2010, pp.529~548. 참조.

10) 심재룡 1990, p.316.

첫째, 아르주나의 회의는 아힘사(ahiṁsā)의 이념을 선명하게 보여주고 있다. 전쟁이 살생의 행위임에 반하여, 아르주나의 회의는 불살생을 지향하고 있다. 이러한 불살생의 이념은 위에서 인용한 바 있는 1:35에서도 극명하게 드러나는 것처럼, 그것은 정녕 스스로의 희생을 전제로 하는 행위이다. 1:46을 읽어보기로 하자.

> 만약 무기를 손에 든 드르타라쉬트라의 아들들이
> 저항도 하지 않고
> 전쟁터에서 무장도 하지 않는 나를 죽인다면,
> 그것이 나에겐 더 행복할 것이오.[11)]

앞에서 든 "저들이 나를 죽이려 하더라도, 나는 저들을 죽이고 싶지 않소"라는 태도나 전쟁터에서 차라리 내가 죽는다면 "그것이 나에겐 더 행복할 것이라"는 태도는 모두 아힘사의 원칙이자 핵심이다. 비폭력의 이념은 어느 종교나 다 갖추고 있는 것으로 생각되지만, 그것을 정치사회적 차원에서 실천하였다는 점에서 마하트마 간디(Mahatma Gandhi, 1869~1948)가 갖는 의미가 있다. "비폭력에 있어서 용기는 죽이는 데 있지 않고 죽는 데 있다"[12)]라고 말함으로써 아르주나의 회의와 입장을 같이하고 있는 것이다. 이러한 나의 비정(比定)이 틀리지 않는다면, 대표적으로 간디에게서 확인해 볼 수 있는 아힘사 사상과 동일한 논리를 아르주나의 회의에서 찾

11) "yadi māṁ apratikāram aśastraṁ śastra-pāṇayaḥ, Dhārtarāṣṭrā raṇe hanyus, tan me kṣemataram bhavet." BG. 1:46.
12) 황필호 1986. p.78. 재인용.

을 수 있게 된다.[13)]

그러나 아르주나의 회의를 그렇게까지 볼 수 없게 만드는 한계가 그 컨텍스트 속에는 있다. "저들이 나를 죽이려 하더라도, 나는 저들을 죽이길 원치 않소"라는 아힘사의 원칙은, 간디의 아힘사에서와 같이 인간 본성에 대한 보편적 존경이나 생명에의 외경 때문이 아니라 다만 저들이 친족이기 때문이라는 사실을 배경으로 하였기 때문이다. "친족이라는 점 때문에"라는 것은 이유이다. 그러나 그렇다고 해서 '의미'가 축소되는 것은 아니다. 이유와 의미는 그 차원이 다른 것이다. 그러한 이유, 즉 컨텍스트를 배제하고 읽는다면, "저들이 나를 죽인다 할지라도 나는 저들을 죽이고 싶지 않다"는 선언은 아힘사의 대강령으로서 시공을 초월한 보편성을 띠게 되는 것이 아니겠는가. 그런 점에서, 아르주나의 회의에는 큰 의미가 함축되어 있는 것이다. 바로 그 점을 나는 높이 평가하고 있다.

둘째, 아르주나의 회의는 권력에 대한 집착이 아니라 그 포기를 지향한다. 그의 회의가 권력의 담론과 연결되어질 수 있는 근거는 바로 『기타』의 배경 서사가 왕위의 계승을 둘러싼 전쟁임을 상기할 때 수긍될 수 있으리라. 여기서 우리는 저 방대한 『마하바라

13) "간디가 『거룩한 님의 노래』를 아르주나처럼 고분고분 따라 외우고 크리쉬나의 말씀만을 금과옥조로 여겼다면 그는 '위대한 영혼'이 될 수 없었을 것이다. 간디는 부르짖는다. 나는 '나의 양심과 이성'에 어긋나는 가르침 즉 진리에 위배되는 말씀은 따를 수 없노라고. 간디는 (ㅡ) 인간에게는 고통스럽고 지겨운 전쟁놀음의 말판 곧 하나님의 수단되는 역할을 거부했다."(심재룡 1990, p.323.) 그러나 심재룡은 간디의 『기타』 해석이 간디의 아힘사 사상과 모순된다는 점에 대해서는 주의를 기울이지 않았다. 나는 간디의 『기타』 해석에 동의하는 것이 아니라, 그의 아힘사 사상에 동의하는 것이다.

타』에의 천착을 요구받게 되지만, 당장의 논의를 위해서는 그 주제가 다르마의 구현에 있으며(1:1)[14], 윤리적 차원의 정의 내지 선이 다르마의 의미임을 지적하는 것만으로도 무리는 없을 것이다. 사촌들의 싸움은 결코 권력투쟁이 아니라 악에 대한 선의 전쟁이며, 정의의 전쟁이라는 것이다. 이를 위해서 두료다나는 더욱 극악한 인물이 되어야 하고, 판두 5형제의 고난은 더욱 처절할 수밖에 없었는지도 모른다. 『마하바라타』는 전쟁에의 참여가 다르마의 구현이라 말하며, 크리쉬나의 논리 역시 마찬가지다. 그런데 나는 그러한 사실을 설법 그대로 받아들이지 않는다. 겉으로 어떻게 포장하더라도, 인간은 권력의 동물임을 믿기 때문이다. 여기서 권력에 관한 담론을 잠시 살펴볼 필요가 있겠다.

사실 권력에의 경계는 힌두교만이 아니라 불교에 있어서도 빈약한 부분이라 할 수 있다. 왜 불교에서는 권력에 대한 욕망을 경계하는 소리가 높지 않은 것일까? 나의 과문 탓인지 알 수 없지만, 권력에 대해서 말하더라도 권력의 무상함을 지적하는 수준에서 머물고 마는 것 같다. 권력의 무상함을 이야기하는 것만으로도 권력욕에 대한 경계가 어느 정도 수행되는 것은 사실이다. 그렇지만 그것만으로 충분하다고 말할 수는 없을 것 같다. 어쩌면 붓다의 출가가 '권력욕의 포기' 그 자체이며, 세속에서 살더라도 그러한 붓다의 출가정신이 요청되는 한 권력욕의 포기는 너무나 당연한 것으로 인식했기 때문인지도 모르겠다. 아니면 불교의 기본적 욕망으로서 오욕을 말하는 중에 명예욕 속에 권력욕까지 함축하

14) 『기타』 1:1의 분석은 S.Anand 1985 참조.

고 있다고 생각했던 것인지는 알 수 없다. 그러나 명예욕과 권력욕은 유사하지만 반드시 일치하는 것은 아니다. 명예란 권력에 부수되는 것[15]으로서 양자는 다소 성격이 다르다. 하여튼 권력에 대한 경계를 법문의 하나로서 불교 교설 속에 자리매김해야 한다고 보는 나는 이에 대한 가능성을 아르주나의 회의에서 발견하여 보완코자 하는 것이다. 아힘사에 대한 지향성으로서의 회의는 권력에의 포기이지만, 이러한 점은 다시 니체(Friedrich Nietzsche, 1844~1900)·푸코(Michel Foucault, 1926~1984)·바르트(Roland Barthes, 1915~1980)의 사상에 입각할 때 얻어지는 측면이다. 불교나 『기타』와는 달리 니체는 명시적으로 인간은 권력에의 의지라고 말하고 있으며, 더 나아가서 푸코나 바르트는 권력은 정치가들에게서만 발견되는 것이 아니라 인간의 모든 관계가 바로 권력의 관계임을 말하고 있는 것이다. 바르트의 다음과 같은 말을 들어보자.

> 권력의 편재성(권력은 도처에 존재합니다)과 끈질김(권력은 지속적입니다)에 대한 지극한 감수성이라고나 해두지요. 권력은 결코 지칠 줄 모르며, 달력처럼 계속 돌아갑니다. 또 권력은 복수적입니다. 그러므로 내 전쟁은 권력에 대항해서 싸우는 것이 아니라, 권력들에—그것들이 어디 있든간에—대항해서 싸우는 것입니다.[16]

불교교단 내에서도 권력관계는 존재하며, 선불교 역시 그렇다.

---

15) "명예란 일반적으로 권력의 찌꺼기입니다." 롤랑 바르트 1997, p.118.
16) 위의 책, p.240.

나는 권력의 길은 본래면목의 길과는 정반대임을 논한 일[17]이 있거니와, 흔히 권력은 수사학을 동원하여 그 속내를 은폐한다. '정의의 전쟁'이라는 명분 역시 그러한 측면을 지닌다. 정의의 구현이라 하지만 실제로는 권력의 구현에 지나지 않는다는 평가가 가능하기 때문이다. 그런데 문제는 이러한 입장을 취한다고 하더라도 현실적으로 할 수 있는 일은 아무 것도 없다는 점이다. 가정(假定)이긴 하지만 아르주나의 회의가 단순한 회의로 그치지 않고서 정녕 전쟁에의 참여를 포기하는 것으로 실천되었다고 한다면 어떤 길이 가능했을까? 나는 출가를 했으리라 본다. 그러한 출가는 가주기(家住期)에서의 의무(dharma)를 다하지 않고 임서기(林棲期)를 앞당겨서 감행되는 것이므로 힌두교의 출가가 아니라 불교의 출가가 된다. 이렇게 '출가'는 '아힘사'와 동의어(同意語)가 되면서 권력을 넘어서는 무집착의 행위가 된다. 권력에 대한 경계를 불교 안에서의 법문으로 자리매김하고자 하는 나로서는 그 가능성을 아르주나의 회의에서 찾지 않을 수 없다. 그의 회의가 불교의 출가 정신으로 연결될 수 있기 때문이다.

셋째, 아르주나의 회의는 화쟁(和諍)을 향한 출발점이 될 수 있음을 보여준다. 전쟁은 아군과 적군의 죽기 아니면 살기 게임이다. 그런 까닭에 전쟁에서는 적인지 아군인지를 분명히 하는 것이 그 속성이다. 따라서 제3의 길은 용납되지 않는다. 흑백과 피아의 분별에 근거하여 제3의 길을 허용하지 않기 때문에 전쟁은 비인간적인 것이다. 이러한 맥락에서 볼 때, 회의가 갖는 의미는 적지

17) 김호성 1997, pp.92~94. 참조. ; 김호성 2008a, pp.110~115. 참조.

않으리라 생각된다. 모든 투쟁은 "나는 옳고 너는 그르다"라는 독단에서 배태되는 것이라고 볼 때, 회의는 시비를 부르는 독단론을 배제하고 있기 때문이다. 물론, 회의만으로 적극적인 화쟁의 구현이 가능한 것은 아닐 것이다. 원효(元曉, 617~686)에게서 보듯이, 화쟁은 대립하는 다툼을 적극적으로 해소시킬 나름의 논리가 필요하기 때문이다. 나는 회의의 전통[18]에서 그 사회윤리적 의미를 찾아보고자 했다. 아르주나의 회의는 끝까지 자기 논리를 고수하지 못했다는 점에서 한계가 있지만, 독단론을 배제함으로써 화쟁론의 길을 예비한 의미는 찾을 수 있을 것으로 본다.

Ⅲ. 크리쉬나의 응답과 그에 대한 비판

아르주나의 회의에 대한 크리쉬나의 응답은 어떤 내용으로 이루어져 있을까? 이에 대해서 심재룡은 이른바 '세 가지 묘수'를 제시하고 있다.[19] 선험적 논증, 특수 '요가' 체험을 바탕으로 하는 논증, 그리고 절대자 신을 믿고 사랑하면 만사형통이라는 논증 등이다. 이는『기타』전체를 그 범위로 삼아서 구해진 답이다. 그런데 나는 크리쉬나의 응답이 장황한 문답 속에서 희석되기 이전, 보다

18) 산자야의 회의론, 붓다의 무기설, 자이나의 상대주의, 그리고 아르주나의 회의 등은 각각의 사상적 입각지는 다르지만 독단론을 배제하고 화쟁론의 토대를 구축하는 점에서 궤를 같이하는 것으로 나는 보고자 한다.

19) 심재룡 1990, pp.316~331. 참조.

직접적으로 아르주나의 회의에 대응하는 제1~2장을 그 범위로 하고 있다. 그런 점에서 이와는 다른 분석도 가능해진다. 나와 심재룡의 분석을 함께 대비해 보면, 다음의 표와 같이 된다.

표 1 : 크리쉬나의 응답에 대한 분석

심재룡	세 가지 요가	김호성	세 가지 요가	비교
선험적 논증		형이상학적 해소		같음
특수한 요가 체험	갸냐 요가	자신의 의무		다름
절대자 신을 믿고 사랑	박티 요가	무집착의 실천	카르마 요가	다름

심재룡은 카르마 요가에서 답을 구하지 않고 있으며, 나는 박티 요가에서 답을 구하지 않고 있다. 이러한 차이는 연구의 범위가 다른 데 따른 차이일 뿐이다. 이러한 인식의 차이를 고려하면서 나는 크리쉬나의 응답에 나타난 세 가지 논리를 파악하고자 한다. 아르주나의 회의가 제1장에서 설해져 있다고 한다면, 그에 대한 크리쉬나의 응답은 제2장에서 설해진다. 우선, 제2장의 구조를 과목(科目)으로 나타낼 필요가 있는데, 과목이라는 해석학적 장치(hermeneutical devices)[20]가 전체와 부분, 종합과 분석을 동시에 조망할 수 있게 하기 때문이다.

20) 과목의 해석학에 대해서는 김호성 2009a, pp.84~97. 참조.

표 2 : 제2장의 구조 분석

- 서분 : 1~3.
- 정종분
  - 제1문답
    - 아르주나의 회의와 질문 : 4~8
    - 쌈자야의 해설 : 9~10
    - 크리쉬나의 응답
      - 형이상학적 해소 : 11~30
      - 자신의 의무 준수 : 31~37
      - 무집착의 실천 : 38~53
  - 제2문답
    - 아르주나의 질문 : 54
    - 크리쉬나의 응답 : 55~72

과목은 불교 경전의 해석학에서 발전된 방법론인데, 특히 하나의 경전을 서분(序分) · 정종분(正宗分) · 유통분(流通分)[21]으로 삼분한다. 그러나 『기타』의 제2장에서는 유통분을 발견할 수 없으니, 그 이유는 제2장에서 크리쉬나의 응답이 끝나지 않기 때문이다. 각 장마다 그 안에서 완결 구조를 갖지 못하는 것이다. 이 점에서도 반복적으로 변주되는 『기타』의 서술 양식을 파악할 수 있다. 다음, 정종분을 둘로 나누는 것은 아르주나의 물음을 기준으로 삼아서 그에 대한 응답을 파악했기 때문이다. 실제 이 글에서 문제 삼는 아르주나의 회의에 대한 크리쉬나의 응답은 '제1문답'에서 이루어져 있는 것이다. '제2문답'은 그것의 반복이라 할 수 있다. 따라서

21) 서분은 시작의 서론이라는 의미가 있고, 정종분은 그 텍스트가 말하고자 하는 지향성 내지 주제를 말한다. 그리고 맺음하는 부분은 결코 결분(結分)이라 말하지 않는데, 그 이유는 그 정종분에서 말해진 가르침이 다른 사람들에게로 흘러가서 통하기를 바라기 때문이다. 그런 뜻에서 '유통분'이라 말하는 것이다.

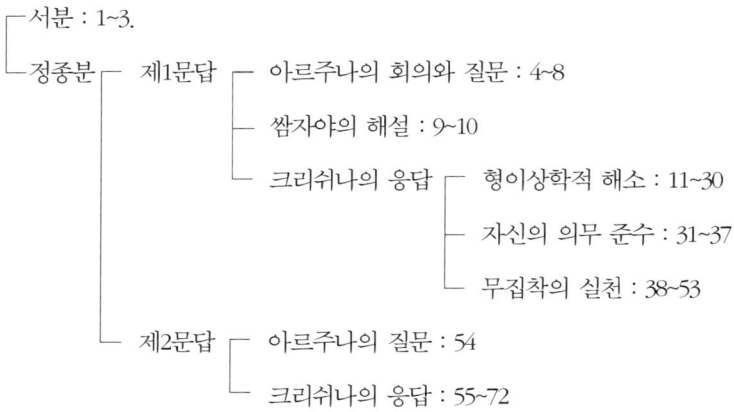

여기서도 제1 문답을 고찰의 대상으로 삼고자 한다.

1. 형이상학적 윤리 비판

크리쉬나의 응답에 나타난 첫 번째 논리는 형이상학적 차원에서 살생의 문제를 희석시키고자 의도한다. 형이상학적 차원에서의 진아(眞我, ātman)는 죽지 않는 존재라는 교설이 시설된다. 무아를 설하는 불교의 경우를 제외하고, 거의 모든 종교가 영육의 분리에 근거한 심신이원론(心身二元論)[22]을 가지고 있는 것 같다. 몸은 무상하고, 영혼은 영원하다고 보는 것이다. 『기타』 2:20은 다음과 같이 말한다.

> 그것은 어느 때 태어난 것도 아니며, 결코 죽는 것도 아니다.
> 그것은 일찍이 있었던 것도, 앞으로 있을 것도, 더욱이 (더 있을 것도) 아니다.
> 그것은 태어나지도 않았으며, 항상하고, 영속적이며, 태고부터 있었던 것이니,
> 비록 육체가 살해된다 하더라도 [그것은] 죽지 않는다.[23]

---

22) 불교 안에 들어온 심신이원론의 흔적과 그에 대한 극복 노력의 한 예를 다룬 것은 김호성 1990. 참조.

23) "na jāyate mriyate vā kadācin n'āyaṁ bhūtvā bhavitā vā na bhūyaḥ : ajo nityaḥ śaśvato 'yaṁ purāṇo na hanyate hanyamāne śarīre." BG 2:20. 같은 의미의 게송이 KU I .2.18에서도 발견된다. 다만 "그것은 일찍이 (ㅡ) 아니다"라는 두 번째 구절이 KU에서는 "[그것은] 어디서부터 [온 것도] 아니고 어떤 것이 나타난 것도 아니며(vipaścin nāyaṁ kutaścin na babhūva kaścit)"라고 되어 있다.

죽음은 다만 육체의 죽음일 뿐이고 영혼은 영원히 죽지 않고 영생한다는 것이다. 다만 옷을 갈아입는 것(2:22)처럼, 영혼은 다른 몸으로 변신할 뿐이다(2:13). 시작도 없고 끝도 없는 존재에 대한 이러한 언급이 새삼스러운 것은 아니다. 『기타』에서 설해지는 이 '태고적 존재'는 리그베다에서 출현하는 여러 개념들을 그 선구로 가지면서 우파니샤드에 이르러 아트만과 브라만 개념으로 정립된 형이상학적 실체들[24]과 다른 것이 아니기 때문이다. 비록 이러한 형이상학적 입장에 동의하지 않는다 하더라도, 그런 생각을 갖는 것은 얼마든지 가능한 사고방식이라는 점에 대해서는 인정할 수 있을 것이다. 문제는 우파니샤드에서 확립된 이러한 형이상학의 입장을 윤리적 차원으로까지 확대하는 것이고, 양자를 결부시킨다고 하는 점에 있다.[25]

그러나 『기타』가 놓여있는 컨텍스트를 고려하면 전쟁에서 활을 쏘아 적을 죽이더라도 사실은 적을 죽인 것이 아니게 된다는 궤변이 성립된다. 다만 적의 육체만 죽이는 것이지, 육체의 소유주[아트만]는 죽일 수 없다는 것이다. 그러니 아무런 연민을 느낄 필요 없이(2:11) 적들에게 화살을 쏘아대라고 말한다. 2:18에서이다.

> 이러한 육신은 유한하다고 말해진다.
>
> [그에 반하여] 영원하며 헤아릴 수 없는
>
> 육신의 소유자는

24) 아트만과 브라만 개념의 선구가 되는 여러 개념들[tanū, tman, puruṣa]을 살피면서, 그 성립사를 논한 연구로는 J.R.Gardener 1998 참조.

25) 이런 맥락에서 인도윤리학의 한 특성을 형이상학적 윤리라고 말한다.

소멸하지 않는다[고 말해진다.][26]

정말 그렇게 말해도 좋은 것일까? 비록 존재론적으로 "인간은 영혼이다"라는 유심론의 관점이 가능하다 하더라도, 전쟁과 같은 구체적 삶의 조건과 양상 속에 처한 인간은 영혼만의 존재일 수는 없는 것이 아닐까. 그런 점에서 육체와 영혼[=心的 次元]을 동시에 갖고 있는 하나의 실존을 둘의 존재로 분리할 수 있다는 관점이 형이상학의 차원에서만 머물지[27] 않고, 윤리적 차원에서도 적용된다는 것은 문제가 아닐 수 없다. 크리슈나의 이러한 견해를 접하면서 나는 팔리어 역본 『사문과경(沙門果經)』이 전하는 바 파쿠다 카차야나(Pakudha Kaccāyana)의 7요소설을 떠올리게 되었다. 그의 말을 들어보자.

이 일곱의 요소는 만들어지는 것이 아니며 만드는 자도 없고, 창조되는 것이 아니며, 창조하는 자도 없고, 그 어느 것도 산출함이 없이, 산정(山頂)과 같이 우뚝 서고, 석주(石柱)와 같이 부동인 채로 안정되어 있다. 그들은 동요하지 않고 변화하지 않으며 서로 해치는 일도 없다. 또한 상호 다른 것을 낙(樂)으로도 고(苦)로도 고락으로도 유도하지 않

26) "antavanta ime dehā nityasy'oktāḥ śarīriṇaḥ, anāśino 'prameyasya : tasmād yudhyasva, Bhārata." BG 2:18.

27) 만약 그러한 관점/믿음을 형이상학적 차원에서만 갖고 있다고 한다면, 나는 비록 나의 관점/믿음과 다르다고 하더라도 문제 삼지는 않을 것이다. 그것은 그 자체로는 전혀 나와 무관하고, 나에게 어떠한 해악도 끼치지 않을 것이기 때문이다. 그러나 그것이 윤리적 차원으로까지 확장되고 말해진다면, 그때는 나와 유관하게 된다. 나에게 악영향을 끼칠 수도 있다. 그러므로 그것은 나의 비판 대상이 된다.

> 는다. 일곱은 무엇인가. 지(地)의 요소, 수(水)의 요소, 화(火)의 요소, 풍(風)의 요소, 낙과 고, 그리고 일곱 번째 영혼이다. (-) 이 세상에 살해하는 자도 없고 살해되는 자도 없으며, 듣는 자도 없고 듣게끔 하는 자도 없으며, 알아차리는 자도 없고 알리는 자도 없다. 만약 예리한 칼로 머리를 베어도, 그 어느 누구도 어떤 사람의 생명을 빼앗는 것이 아니다. 칼에 베인 자국은 단지 일곱 요소의 사이에 생긴 것에 지나지 않는다.[28]

존재론적 차원에서 볼 때 『기타』의 형이상학과 『사문과경』이 전하는 파쿠다 카차야나의 입장이 각기 유심론과 유물론이라는 점에서는 서로 다르다 할 수 있으나, 그럼에도 불구하고 그것들은 윤리적 차원에서는 동일한 결과를 초래할 수 있다. 놀라운 일이 아닐 수 없는 것이다. 이에 반하여, 이들 두 가지 극단적 입장을 변견(邊見)으로 보면서 그것들을 떠나 중도를 세우고자 했던 불교의 입장은 영육을 둘로 보지 않는 신심불이론(身心不二論)의 입장을 취하고 있다는 점에서 그 윤리적 입장까지 달라졌다고 볼 수도 있다. 하여튼 『기타』의 윤리적 입장은 『사문과경』과 마찬가지로 그 보편성[29]을 부여받을 수는 없는 것으로 비판될 수 있다.

---

28) Digha Nikaya Ⅰ. 정호영 1988, p.41. 재인용.

29) 이런 점에서 나는 『기타』 그 자체가 보편성을 띠고 있는 것으로 보지는 않는다. 그 안에 구체성/특수성과 보편성이 혼재하고 있는데, 구체성/특수성을 배제하면서 보편성을 되살려가자는 입장이다. 그런데 이거룡은 비록 '카르마 요가'를 중심으로 한다고 한정하고 있지만, 『기타』 그 자체를 온전히 보편적이라고 하면서 수용하는 것으로 보인다.(이거룡 2010 참조.) 나와 다른 관점이다.

2. 현실주의 윤리 비판

크리쉬나 응답의 둘째 논리는 자신의 의무(svadharma)를 다해야 한다는 것이다. 여기서 '자신의 의무'는 아르주나가 크샤트리아 계급이기에 요구되는 의무를 외면해서는 안 된다는 것이다. 무사 계급인 크샤트리아에게 그 의무는 용감하게 싸우는 데 있다. 만약 이러한 무사의 의무를 저버리게 된다면, "겁이 나서 전쟁을 포기했다"는 의혹을 사면서 존경받지 못할 것이며(2:35), 마침내 불명예를 초래하게 된다(2:34)는 것이다.

> 또한 자기 계급의 의무를 고려하고 나서는
> 흔들릴 수 없을 것이오.
> 왜냐하면 정의의 전쟁보다 더 뛰어난 다른 것이
> 크샤트리아에게는 알려져 있지 않기 때문이오.[30)]

무사의 존재 이유는 전쟁에 대비하는 것이며, 어느 시대 어느 사회에서나 전쟁은 끊임없이 발생하는 것이다. 그가 정녕 무사라고 한다면 오히려 전쟁을 만나는 것이 "행복하다"(2:32)고 말해야 한다는 것이다. 그러니 무사 계급에게 임전무퇴의 용기가 요청됨은 당연한 일일 것이다. 그것이 무사도(武士道, kṣatra-dharma)이다. 전

30) "svadharmam api c'āvekṣya na vikampitum arhasi, dharmyād dhi yuddhāc chreyo 'nyat kṣatriyasya na vidyate." BG 2:31.

쟁에서 죽음을 맞이하는 것은 무사의 명예일 것이다. 그렇게 무사들은 교육받으며, 믿는다. 이러한 무사도는 전쟁이라는 현실적 상황을 어쩔 수 없는 현실로 인정하는 입장에서 보면 너무나 당연한 것으로 받아들여질 수 있다. 그러므로 무사도는 현실주의 윤리인 셈이다.

나는 이러한 무사도의 윤리를 읽으면서 화랑도의 세속오계를 떠올릴 수 있었다. 화랑 역시 군사훈련을 받았으며, 전쟁에서 죽음을 무릅쓰고 용기 있게 싸웠기 때문이다. 그런 점에서 화랑도는 청소년의 군사 집단으로 볼 수 있는데, 이들 화랑에게 임전무퇴의 무사도를 불어넣어 준 것은 원광(圓光, 550~630 혹은 640)의 세속오계이기 때문이다. 이제 원광의 세속오계와 크리쉬나의 응답에 나타난 논리와 대비하기 위해서 『삼국유사』의 해당 부분을 살펴보기로 하자.

> 『삼국사 열전』에 말하였다 : 어진 선비 귀산(貴山)은 사량부(沙梁部) 사람인데 같은 마을의 추항(箒項)과는 친구였다. 두 사람은 서로 말하기를 "우리들이 사군자(士君子)와 더불어 노닐고자 할진대는 먼저 마음을 바르게 하여 몸을 지니지 않는다면 욕을 초래하지 않을까 두려우니, 어찌 현자에게 도를 묻지 않겠는가"라고 하였다. 그때에 원광법사가 수나라에 갔다가 돌아와서 가슬갑(嘉瑟岬)에 머물고 있음을 듣고서, 두 사람이 그 문에 나아가 "저희들[俗士]이 어리석어서 아는 바 없으니, 원컨대 한 말씀을 내리셔서 종신토록 경계를 삼게 하소서"라고 하니, 원광이 말하였다: "불교에는 보살계가 있으니 거기에는 따로이 열

가지가 있으나, 그대들은 남의 신하와 아들이므로 능히 감당치 못할까 두렵다. 이제 여기서 세속오계가 있으니, 첫째는 사군이충이며, 둘째는 사친이효이고, 셋째는 교우이신이며, 넷째는 임전무퇴며, 다섯째는 살생유택이니, 그대들이 실천하여 소홀함이 없도록 하라."[31]

신하로서, 또 아들로서 세속을 살아가는 사람에게 보살계를 지키라는 것은 현실적으로 불가능한 것으로 원광은 평가한다. 그는 그 대안으로 세속오계를 제시하는데, 우리의 논의에 직접적으로 관련되는 것은 임전무퇴와 살생유택이다. 이들 두 계율은 불교의 제1계인 불살생계와는 다른 입장인 것으로 생각되기 때문이다. 불살생계를 절대적인 계율이라 볼 수 있다면, 임전무퇴와 살생유택은 상대적인 상황윤리인 셈이다. 상대적인 윤리라 할 수 있다.

이에 대한 사상적 배경으로 크게 세 가지 방향에서 논의되어 왔다. 유교, 불교, 그리고 유 · 불 · 도 삼교의 조화가 그것이다. 사군이충 · 사친이효 · 교우이신 등의 세 가지 계율은 유교윤리이고, 세속오계의 수여자가 승려일 뿐만 아니라 불교 안에서도 효, 살생, 그리고 신(信)의 근거를 찾을 수 있다는 관점에서 불교윤리라고 보는 경우[32]가 있었다. 그렇지만 임전무퇴와 살생유택 역시 순수한

31) 又三國史列傳云 : "賢士貴山者, 沙梁部人也. 與同里箒項爲友, 二人相謂曰 : '我等期與士君子遊, 而不先正心持身, 則恐不免於招辱, 盍問道於賢者之側乎!' 時, 聞圓光法師入隋回, 偶止嘉瑟岬[협주 생략─인용자] 二人詣門進, 告曰 : '俗士顓蒙, 無所知識, 願賜一言, 以爲終身之誡', 光曰 : '佛教有菩薩戒, 其別有十, 若等爲人臣子, 恐不能堪. 有世俗戒, 一曰事君以忠, 二曰事親以孝, 三曰交友有信, 四曰臨戰無退, 五曰殺生有擇, 若等行之無忽.'" 一然, 『三國遺事』, 圓光西學條. 한불전 6, p.342a-b.

32) 이자랑 2014, p.6, 각주 8 참조. 다만 이자랑은 임전무퇴와 살생유택을 구분한 뒤

불교윤리라고 볼 수는 없다. 오히려 불교윤리를 상대적으로 굴절시킨 것으로 평가해야 할 것이다. 불교의 이상을 포기하는 대신 그 당시의 세속적 상황에 따라갔다는 측면이 있기 때문이다. 즉 현실주의 윤리라 하겠다. 앞서 아르주나의 회의에 나타난 윤리적 의미를 세 가지로 정리하였는데, 그 세 가지를 종합하면 한마디로 이상주의 윤리라고 말할 수 있다. 아르주나의 회의가 이상주의 윤리를 나타내 보이고 있다면 크리쉬나와 원광의 입장은 그것과는 대비되는 현실주의 윤리를 취하고 있는 것으로 평가된다. 현실주의 윤리라는 점에서 힌두교의 윤리는 유교윤리와 동질성을 갖는 것으로 확인된다. 이는 가부장제라는 동질성[33]에 이은 또 하나의 동질성이다.

여기서 이상주의 윤리와 현실주의 윤리의 의미에 대해서 좀 더 천착해 보기로 하자. 아르주나의 회의에 나타난 이상주의적 윤리는 어떤 의의와 문제점을 갖고 있다는 말인가? 이상주의 윤리는 지고의 윤리로서 성스럽다는 의의는 있으나 현실적으로는 아무런 힘을 갖지 못한다는 한계가 있다. 현실주의 윤리를 택한 힌두교나

에 살생유택만으로 본다면, 살생유택은 "보살계를 받아 실천할 수 없는 사람들에게 최소한의 불살생 실천을 강조한 것으로 보아야 할 것이다"라고 주장한다. 살생유택을 '가축'과 같은 생물에게만 한정해서 본다면, 그러한 해석은 가능하고 또 나름의 의미가 있다. 그러나 그렇다고 해서, 원광이 '살생을 용인했다'라는 혐의에서 벗어날 수는 없을 것 같다. 임전무퇴의 무사도를 강조했기 때문이다. 세속을 세속법 안에서 놓아두는 것만으로 세속은 전쟁이 격화될 수밖에 없는 현실일진대 ― 지금이나 당시의 신라나― 원광은 세속을 종교적으로 뒷받침해 주고 강화해 주었던 것이다. 이때 '강화'가 '종교적 정당화' 내지 '성화'였을 수도 있을 것이다. 당시 상황을 고려해 주게 된다면, 우리 역시 '현실주의'의 입장에 서게 된다. 그렇게 된다면 불교가 다 제도하려는 공동체의 범위인 '중생'과 원광이 전쟁터에서 응원하였던 아군(我軍) 공동체의 범위가 달라진다. 문제는 바로 그것이다.

33) 김호성 2010 참조.

유교가 각기 인도와 동아시아 사회에서 현실적 권력을 차지하였다는 역사적 사실에서도 우리는 그러한 점을 알 수 있다. 세속오계나 『기타』에서와 같이 정당한 전쟁 이론을 수용한 조선시대의 호국불교 등은 유교의 지배체제에 영합한 것으로 평가[34]할 수 있다. 그런 경우에 한해서 불교는 유교의 지배체제로부터 일정한 보호와 우호적 태도를 얻을 수 있었던 것이다.

그런데 문제는 이러한 '세속화'로 인하여 이상주의 윤리가 가졌던 종교 본연의 윤리적 자세를 잃어버릴 수도 있다는 점이고, 현실주의 윤리에 입각하여 판단한 것이 현실을 넘어서 역사의 안목에서 볼 때에는 그 종교의 이상을 저버린 것으로도 비판될 수 있다는 것이다. 예컨대, 원광이 수나라에 「걸병표(乞兵表)」를 지어보낸 일[35]은 그 당시의 현실로는 인정할 수 있을지 몰라도, 전쟁보다는 평화를 사랑하고 국가나 민족보다는 보편적 생명을 더 소중히 생각한 붓다의 가르침에는 어긋났다는 역사적 평가를 받을 수밖에 없다는 점이다. 이상주의 윤리, 그것은 현실에서는 권력을 차지할 수 없지만[36] 참된 의미의 휴머니즘(Humanism)이라는 의미가 있

34) 이러한 나의 평가에 토대를 제공하는 것은 불교는 왕법과 해탈법을 함께 구현하는 것이 아니며, 왕법을 버리고서 해탈법을 추구하는 데에 붓다의 출가 정신이 있다고 보기 때문이다. 이를 자세히 논의한 것이 김호성 2009b이다.

35) 此時, 高麗・百濟, 常侵邊鄙, 王甚患之, 欲請兵於隋[宜作唐] 請法師, 作乞兵表. 皇帝見, 以三十萬兵, 親征高麗, 自此, 知法師, 旁通儒術也. 위의 책, p.342a. 일연 역시 이러한 윤리적 문제에 대해서는 아무런 의식도 하지 못한 채 다만 그러한 사실을 원광법사(圓光法師)가 유교에도 정통하였다는 사실의 한 증좌로 삼고자 할 뿐이었다.

36) 간디의 아힘사는 그 이상의 현실화가 가능한 것인가 하는 일종의 실험이었다. 그러나 오늘날 인도는 핵무기를 가지고 있을 정도로 세속화의 길을 충실히 걷고 있다. 간디의 암살이 그 점을 웅변하고 있는데, 그것은 힌두교도의 손에 의해서 이루어진 비극이 아니었던가.

는 것으로 나는 본다.

3. 무집착의 윤리 비판

크리쉬나의 응답에 나타난 세 번째 논리는 카르마 요가의 입장에서 제시된 것이다. 카르마 요가는 행위를 하되 어떠한 욕망도 없이 행위하라고 말한다. 이욕행(離欲行, niṣkāma karma)의 의미는 행위의 결과를 바라고서 행위를 해서는 참다운 행위가 될 수 없다는 것이다. 2:47에서는 이렇게 말하고 있다.

> 행위에만 우선권이 있게 할 것이지,
>
> 결코 어떠한 [행위들의] 과보에도 [우선권이 있게] 하지 말라.
>
> 행위의 결과를 [행위의] 원인으로 삼지 말며,
>
> 행위하지 않음에도 집착하지 말라.[37]

컨텍스트를 고려하지 않더라도 이러한 언급은 우리의 보편적 행위규범으로 받아들일 수 있다. 텍스트가 될 수 있다는 말이다. 마치 『금강경』에서 말하는, 어떠한 대상이나 고정관념에도 머물지 말고 보시(布施, dāna)하라는 윤리를 보편적 행위규범으로 받아들일 수 있는 것[38]과 마찬가지다. 그런데 컨텍스트를 고려하게 되면 어떻게 될

37) "karmaṇy ev'ādhikāras te mā phaleṣu kadācana : mā karma-phala-hetur bhūr, mā te saṅgo 'stv akarmaṇi." BG 2:47.

38) 『기타』의 카르마 요가와 『금강경』의 무주상보시바라밀의 대비는 김호성 19

까? 실제 『기타』에서는 카르마 요가가 전쟁 상황 속에서도 적용되고 있었음을 보여주고 있는 것이다. 다음 2:38을 읽어보자.

> 즐거움과 괴로움, 얻음과 얻지 못함,
> 승리와 패배를 평등히 여기며
> 그리하여 전쟁을 위하여 준비하라.
> 그러면 그대는 죄악에 이르지 않을 것이다.[39]

이 계송에서 말하는 평등의 의미는 곧 요가와 동의어이다(2:48). 텍스트로 받아들일 때, 이러한 가르침은 아무런 문제가 없다. 삼매·요가에 들지 못하는 것은 괴로움과 즐거움, 얻음과 얻지 못함, 그리고 승리와 패배와 같은 양 극단 중의 그 어느 하나에 떨어져 집착하기 때문이다. 따라서 극단에의 집착을 둘 다 버리게 된다면 양 극단에 대해서 평등한 것으로 말할 수 있다. 이때의 평등은 중도(中道)와 동일한 의미가 될 것이다. 『기타』만이 그런 것이 아니다. 불교에서도 그러한 마음의 태도[用心]를 주요한 수행론으로 채택하고 있음은 예증이 새삼스러울 정도이다. 그만큼 보편성이 높다는 것이다.

다음, 참전해야 할 전쟁을 목전에 두고서 이기고 지는 것을 평

92, pp.127~147. 참조.

39) "sukha-duḥkhe same kṛtvā lābh'ālābhau jay'ājayau / tato yuddhāya yujyasva nai 'vaṁ pāpam avāpsyasi //" BG 2:38. R.N.Minor 1982, p.57에서는 'jay'ājayau' 대신에 'jay'aj'yan'으로 되어 있으나, 유포본(S.Radhakrishnan 1976, p.114)를 따른다. R.N.Minor의 경우에 수와 격에 오류가 있는 것으로 생각되어서이다.

등히 여기면서 싸우라고 말한다. 행위의 결과에 대한 집착 없이 행위하는 것은 보시와 같은 선행의 경우에는 별 문제가 아니겠으나, 전쟁의 경우와 같이 수많은 인명을 살상해야 될 입장에 처할 때조차 행위의 결과를 고려하지 않아도 좋은 것일까? 마땅히 고려해야 할 것이다. 그러한 고려를 염두에 두지 않는다면, 윤리적으로 문제가 있는 것이며 비판받을 수밖에 없다. 더욱이 그 상대가 친족이 아닌가. 그럼에도 불구하고 아무런 문제의식이 없이 싸우기만 한다는 것은 문제가 아닐 수 없는 것이다. 이 문제와 관련하여 길희성은 선악·시비의 양 극단을 떠난 평등의 경지는 정신적 차원의 것으로써, 그러한 차원에서는 선악과 시비를 분별하는 도덕적 판단을 내리는 것이 가능한가[40]라고 묻는다.

길희성은 그 가능성에 대해서 다소 회의적이지만, 나는 그것이 전혀 불가능한 것이라고는 생각하지 않는다. 현실세계의 이원적 분별을 떠났다고 해서, 윤리적 판단의식까지 무너지지는 않을 것이다. 오히려 이원적 분별이 자아에 대한 집착에 근거하는 것이라면, 자아에 대한 집착을 벗어버림으로써 선악에 대한 판단이 보다 적확하지 않을까 하는 것이다. 정녕 집착하지 말아야 할 것은 윤리적 판단을 내리기 위해서 고려해야 할 사항들에 대해서가 아니라 올바른 판단 이후의 실천 과정 속에서라야 할 것으로 판단된다. 그가 정녕 깨달은 자 내지는 요가를 성취한 자라고 한다면 올바른 윤리적 판단이 가능하리라 본다. 전쟁을 할 것인가, 말 것인가에 대해서도 정책적 차원의 판단이 아니라 윤리적 차원의 판단

40) 길희성 1988, pp.28~29. 참조.

말이다. 요가나 깨달음이 뭇생명에 대한 자비를 산출시키는 것이라면, 자아에의 집착을 떠난 자만이 그러한 자비를 행할 수 있을 것이다.

그런데 문제는 『기타』의 컨텍스트 속에서 그러한 무집착의 윤리를 요청함에 있어서 이미 "싸워라"는 결론을 전제하고 있다는 점이다. 윤리적 판단은 크리쉬나가 해버리고, 그것을 실천하는 태도로서만 무집착을 요구하고 있다는 점에서 전쟁 여부는 정치인이 결정하고 군인들은 임전무퇴의 정신으로 싸워야만 하는 상황을 상기케 한다. 그러한 컨텍스트를 고려하면 카르마 요가는 무사도 즉 무사 계급의 계급윤리라는 특수성을 인정하지 않을 수 없게 된다. 우리로서는 이 카르마 요가가 갖는 특수성까지 수용할 수는 없다고 본다. 우리의 컨텍스트 속에서 다시금 그것을 어떻게 적용할 수 있는가 하는 문제는 우리 스스로 책임질 수밖에 없는 현실적 숙제일 것이기 때문이다. 그런 맥락에서 지금 우리의 컨텍스트에 입각하여 『기타』의 컨텍스트를 비판/배제하는 것은 매우 중요한 일일 것이다.

Ⅳ. 비판적 수용 필요한 특수윤리

정통 인도종교 전통에 있어서 『기타』 이전에 윤리가 전혀 없었던 것은 아니겠으나, 『기타』에 이르러 한 차원 높은 사회윤리가 제시됨은 사실이다. 윤리의 꽃이 사회윤리에 있다는 점을 생각하면서 아르주나의 회의 대(對) 크리쉬나의 응답에 나타난 윤리적 입장을 살펴보고자 하였다.

아르주나는 전쟁에의 참여를 망설인다. 전쟁의 명분에 대하여 회의하고 있는 것이다. 아르주나가 회의한 이유는 무엇이고, 그 의미는 또 무엇일까? 회의의 이유는 전쟁터에서 상잔(相殘)해야 할 적이 사실은 친족이라는 점에서 찾아진다. 친족을 살해한다면, "영원한 가족의 법도"가 무너지기 때문이다. 그러면서 가족의 법도를 유지해야 할 당위성을 역설하고 있는데, 그러한 윤리적 입장이 유교윤리에서 보는 것과 같은 동질성을 갖고 있는 것으로 평가하였다. 그러면서도 나는 아르주나의 회의 그 자체에 적지 않은 의미가 있다고 보았다. 첫째는 아힘사의 이념을 선명하게 보여주고 있다는 점이며, 둘째는 권력에 대한 집착이 아니라 포기를 지향한다는 점이고, 셋째는 화쟁을 향한 출발점이 될 수 있다는 점이다.

다음, 회의하는 아르주나를 설득하는 크리쉬나의 논리는 무엇일까? 세 가지 측면에서 그의 논리를 추출할 수 있었는데, 그러한 논리에 대하여 나는 윤리적 차원에서 하나하나 비판적 관점을 제시하였다.

첫째, 형이상학적 차원에서 진아(ātman)는 태어나지도 않고 죽지도 않는 것이라고 주장한다. 이러한 논리는 컨텍스트를 떠나서 이해할 때에는, 우리가 그러한 주장에 동의를 하든지 하지 않든지 상관없이 하나의 의미 있는 주장일 수 있다. 그렇지만 구체적으로 참전 여부를 결정해야 하는 컨텍스트 속에서는 문제가 있는 것이다. 그 형이상학적 토대는 관념론과 유물론으로 비록 다르지만, 육사외도 중 파쿠다 카차야나가 주장한 바와 같은 결과를 얻게 되기 때문이다. 신(身) · 심(心)을 나누어 놓고 그 중 어느 하나만을 인간이라고 할 수 없다는 점에서, 신 · 심을 나누어 놓고 몸은 진아가 아니므로 몸을 죽이는 것은 살해가 아니라는 논리는 적어도 윤리적 차원에서는 문제가 있는 셈이다.

둘째, 전쟁을 하는 것은 무사 계급으로서 자기 의무(svadharma)라고 하는 논리다. 이는 전쟁이 이미 전개되고 있으며, 그것은 현실이므로 아힘사의 이상보다는 현실을 쫓아야 하며, 쫓을 수밖에 없다는 것이다. 여기서 나는 무사도의 윤리를 읽게 된다. 화랑도에게 부과된 임전무퇴의 계율을 상기하게 되는 것도 그러한 맥락에서이다. 물론, 현실이라는 이유에서 현실주의 윤리를 선택할 수는 있으나, 그렇게 함으로써 이상주의 윤리가 갖고 있는 성스러움을 잃게 된다. 『기타』가 이렇게 현실주의 윤리를 선택하고 있다는 점에서, 유교윤리와의 동질성을 하나 더 갖고 있는 것으로 평가할 수 있다. 뿐만 아니라 무사와 같은 특수한 계층이 쉽게 받아들일 수 있는 윤리라고 한다면, 그만큼 보편성을 상실하게 되는 셈이다.

셋째, 크리쉬나는 행위의 결과에 대해서 집착하지 말고 행위하라고 말한다. 이것이 카르마 요가의 본질이다. 컨텍스트를 떠나서 살펴볼 때, 무집착의 윤리는 보편성을 갖는 덕목으로 볼 수 있다. 그렇지만 컨텍스트를 고려해서 살피게 된다면, 결과에 대한 집착 여부가 문제가 아니라 그러한 행위의 정당성 여부가 문제된다. 해탈이나 지혜를 얻은 사람이라고 해서, 행위의 정당성 여부를 묻지 않게 되는 무지의 상태로 들어가는 것은 아니라고 생각되기 때문이다. 진정 나와 세계의 대립 분별을 떠났다고 한다면, 세계에 대한 자비심은 더욱 클 수밖에 없을 것이며, 전쟁 여부와 같은 크나큰 윤리적 주제에 대한 정당성 여부를 충분히 검토할 수 있으리라 본다. 그런 점에서 무집착의 윤리가 곧 아무런 문제의식 없이 참전을 촉구하는 것으로만 기능하는 것은 문제가 있는 것으로 비판하지 않을 수 없다.

이상과 같은 결론을 얻게 된 방법론에 대하여 언급하는 것으로 이 글을 맺고자 한다. 나는 크리쉬나의 응답 논리를 비판함에 있어서 텍스트와 컨텍스트를 구분하면서 논의를 진행하였는데, 그때마다 그 의미가 판연히 달라짐을 확인할 수 있었다. 이러한 독서법의 결과는 우리로 하여금, 인도철학 · 종교의 고전들을 선험적으로 타당한 텍스트로 수용해서는 안 됨을 가르쳐 주는 것이다. 그 속에 이미 특수한 컨텍스트가 반영되어 있는 것이고, 우리의 컨텍스트는 그것과는 다르기 때문이다. 그러므로 부단히 컨텍스트와 텍스트를 가르면서 이해를 시도해야 할 것이다. 더 나아가서 오늘 ─우리의 컨텍스트를 반영하는 독서야말로 인도철학 · 종교의 토착화에 기여하게 되리라 나는 믿는다.

아르주나의 회의와 그 불교적 의미

『기타』를 이해함에 있어서 종래 많은 주석가들이나 연구자들은 그 안에 드러나 있는 서사 구조(plot)에 대해서는 별 신경을 쓰지 않았다. 그 결과 크리쉬나의 설법 속에 나타난 여러 가지 철학적·종교적 주제를 천착하는 것으로 『기타』를 이해하고자 하였다. 그러나 나는 일단 기본적으로 『기타』는 아르주나와 크리쉬나의 대화라고 본다. 그 대화의 질적 측면은 바로 '회의 vs (회의 극복을 요구하는) 설득'의 구조를 띠고 있는 것이다. 이렇게 생각하면, 종래의 주석가들이 무시 내지 경시하였던 1장의 의미가 새롭게 부각된다. 그리고 그 1장에서 표명되는 아르주나의 회의에 대해서 새롭게 조명하게 된다.

나는 바로 앞의 논문에서 이미 이러한 문제의식으로 『기타』를 아르주나와 크리쉬나의 대화를 중심으로 고찰한 바 있다. 하지만 거기서는 중심이 어디까지나 크리쉬나의 응답에 놓여 있었다. 크리쉬나의 응답에 나타난 논리가 무엇인지 부각하는 데 초점을 두었으며, 그런 뒤에 그것들이 불교적인 입장에서는 어떻게 비판될 수밖에 없는지를 천착하였다.

그에 뒤이어 이 논문에서는 아르주나의 회의에 대해서 집중적으로 조명하고자 하였다. 이에 대해서도 조금은 앞의 논문에서 서술된 바 있고, 또한 「Arjunaの懷疑に見られる意味(아르주나의 회의에 보이는 의미)」, 『印度學佛教學研究』 제52권 1호(東京: 日本印度學佛教學會, 2003)를 통해서 살펴본 바 있다. 그러나 이 글에서는 그러한 점을 이어가면서도, 그러한 아르주나의 회의가 갖는 의미의 현재성을 드러내고 또 그것을 불교와 대응하고자 하였다.

애당초 이 글은 2003년 이라크 전쟁이 한참일 때 씌어졌다. 테러와 전쟁의 악순환 속에서 진정한 평화의 길은 보복의 악순환을 넘어서는 데 있다는 신념으로, 그를 위해서도 우리에게는 "나는 옳고, 너는 그르다"는 독단보다는 전쟁의 정당성을 질문하고 회의하는 아르주나의 태도가 필요한 것은 아닐까라는 생각을 피력한 것이다. 비록 아르주나는 그 회의를 끝까지 밀고 나아가지 못하고, 중도에 전향(轉向)하고 말지만 그것만으로도 의미는 적지 않다고 나는 생각한다. 거기에 바로 불살생/비폭력/아힘사의 정신이 깃들어 있기 때문이다.

같은 제목으로 『종교연구』 제42집(서울: 한국종교학회, 2006), pp.103~126.에 발표한 것을 다소 수정하고 보완하였다. 특히 인도인이면서도 나와 마찬가지로 아르주나의 회의를 중심으로 해서 『기타』를 이해하려고 하며, 현실세계의 전쟁과 평화의 문제라는 컨텍스트 속에서 아르주나의 회의를 적극적으로 평가하는 아마르티아 센(Amartya Sen)의 관점을 추가 보충하였다.

주요어 : 마하바라타, 유디스티라, 회의, 전쟁, 아힘사, 텍스트, 컨텍스트, 법구경, 아마르티아 센.

Ⅰ. '현대-한국-불교'의 『기타』 읽기

종래 많은 연구자들은 『기타』가 아르주나(Arjuna)와 크리쉬나(Kṛṣṇa)의 대화록[1)]이라는 사실을 종종 잊어버리고 있었다. 그러면서 크리쉬나의 가르침 속에서만 『기타』의 사상을 파악하려고 해왔다. 이는 필연적으로 아르주나가 제기하는 물음이 중심을 이루는 제1장에 대한 경시 내지 무시로 이어진다. 예컨대, 샹카라(Śaṁkara, 700~750), 라마누자(Rāmānuja, 1017~1137), 그리고 마드바(Madhva, 1199~1276)와 같은 전통적 주석자들은 제1장에 대해서는 아무런 주해도 부치지 않았다.[2)] 샹카라는 『기타』에 대한 그의 주석을 2:10이 끝난 뒤[3)] 비로소 행하고 있다. 이렇게 제1장이 갖고 있는 의미가 연구자들로부터 외면받게 된 이유는 무엇이며, 또 그 결과 어떤 일이 생기게 된 것일까?

우선 제1장이 해석자들로부터 경시된 이유는 외면적으로 볼 때, 제1장에는 시각장애자이면서 카우라바(Kaurava)들의 아버지인 드리타라쉬트라의 물음[4)]에 대한 삼자야의 답변에서 등장인물의 소개

---

1) 나는 『기타』를 아르주나의 회의와 그에 대한 크리쉬나의 응답이라는 맥락 속에서 이해하고자 한 바 있다. 김호성 2000a, pp.83~103 참조. 이 글은 그 후속편이라 할 수 있다.

2) S.Gambhīrānanda 1984, p.35. ; M.R.Sampatkumaran 1985, pp.1~14. ; S.S.Rau 1906, pp.5~14. 참조.

3) 김호성 2015a, p.128. 각주 33) 참조.

4) "의무의 땅인 쿠루크세트라에 모여든 모든 전사들, 나의 [아들들]과 판두의 아들들은 어떻게 하였던가, 삼자야여.(dharma-kṣetre kuru-kṣetre sarvakṣatra-samāgame,

가 주된 부분을 구성하고 있기 때문이다. 예를 들어서, 1:4~5를 읽어보자.

> 여기 전쟁터에는
> 영웅이자 명사수인 비마와 아르주나에 필적하는
> 유윳다나, 비랏타, 그리고 위대한 전사인 드르파다가
> [모여 있습니다.][5]
>
> 드흐리쉬타케투, 체키타나,
> 그리고 강력한 카시의 왕,
> 푸루짓, 쿤티보자,
> 그리고 사람들 중에서 가장 뛰어난 황소인 샤이비야 등이 있습니다.[6]

이 송(頌)들의 내용은 등장인물들의 소개일 뿐이다. 그러한 주인공들에 대한 전기적 소개를 담지 않는다면, 달리 어떤 주해가 필요하지 않을 것 같기도 하다. 그러나 반드시 그렇지만도 않다. 이러한 등장인물의 소개가 그 주된 부분을 차지하는 제1장은 『기타』의 내용을 담고 있는 형식에 해당하며, 기의(記意, signifié)를 담고 있는 기표(記標, signifiant)에 다름 아니다. 형식은 내용과 긴밀하게 연관

mām akāḥ Pāṇḍavāś c'aiva kim akuruvata, Saṁjaya.:" BG 1 : 1. 유포본(S.Radhakrishnan 1976)에서는 'sarvakṣatra-samāgame' 대신 'samavetā yuyutsavaḥ(싸우고자 하여 모인)'라고 되어 있다.

5) "atra śūrā maheṣvāsā Bhīm'ārjuna-samā yudhi, Yuyudhāno Virāṭaś ca Drupadaś ca mahā-rathaḥ." BG 1:4.

6) "Dhṛṣṭaketuś Cekitānaḥ Kāśi-rājaś ca vīryavān, Purujit Kuntibhojaś ca Śāibyaś ca narapuṅgavaḥ." BG 1:5.

되어 있다. 따라서 우리는 기표/형식에 대해서도 그 의미를 찾아내야 할 것이다. 그 의미는 두 가지다.

첫째는 이 『기타』의 배경 서사/컨텍스트(context)는 『마하바라타』라는 사실을 알려준다. 『기타』가 『마하바라타』의 제6권 비쉬마의 권(Bhiṣmaparvan)에 소속되어 있는 것이며, 그것이 단행본으로서 따로이 유통된 것이 『기타』라는 사실의 흔적이 곧 제1장이다. 따라서 우리는 『기타』를 다시 『마하바라타』 속으로 되집어 넣어서 재해석해 볼 필요도 있다. 이러한 작업을 한 이가 마하트마 간디(Mahatma Gandhi, 1869~1948)이다. 그는 그렇게 함으로써 『기타』가 비폭력의 텍스트임을 강변(强辯)코자 하였다. 나는 그렇게 함으로써 『기타』의 주제가 행위의 문제에 놓여있음을, 그래서 『기타』의 성격이 윤리적임을 논증하려는 것이다.

둘째, 첫째와 결부된 사항이지만 그러한 배경 서사를 『기타』의 컨텍스트로서 인식할 수 있을 때 『기타』라는 텍스트의 성격은 전통적 주석서들의 해석과는 달리, '해탈의 서(mokṣa-śāstra)'가 아니라 '행위의 서(karma-śāstra)'가 된다. 종래에는 제1장에 대한 관심을 기울이지 않았기 때문에 아르주나의 질문이 어떠한 의미를 갖는지에 대해서도 관심을 기울이지 않게 되었다. 동시에 크리쉬나의 가르침이 나온 배경이 된, 아르주나의 질문/문제의식을 알지 못하기 때문에, 연구자들은 크리쉬나의 응답이 어떤 문제에 대한 해답이었는지를 의식하지 못한 채, 『기타』를 이해하려고 애써왔던 것이다. 그 결과 『기타』를 '해탈의 서'로서 파악하고 말았던 것이다. 샹카라, 라마누자, 그리고 마드바와 같은 전통적 주석자들은 전부

『기타』를 '해탈의 서'로서 파악하여 『기타』의 주제는 지혜의 요가(jñāna-yoga)나 믿음의 요가(bhakti-yoga)라고 생각했던 것이다. 그들이 아르주나의 질문에 주의를 기울이지 않았기 때문에, 그와 같은 결과가 발생했던 것이다. 혹은 그러한 해탈 지향적인 성격으로 인하여 윤리적인 함축을 갖는 아르주나의 질문을 중시하지 않았던 것인지도 모른다.

그러나 제1장에 대해서도 주의를 기울이게 되면 『기타』는 기본적으로 아르주나의 질문에 대한 크리쉬나의 응답이라고 하는 점을 주의해서 읽을 수 있을 것이고, 『기타』의 가르침은 다른 차원에서 보여질 것이다. 그 점에 주목했던 인물이 바로 틸락(Bal Gangadhar Tilak, 1856~1920)이다. 틸락은 『기타 라하스야*Gītā Rahasya*』에서, 아르주나의 회의에 대해서 관심을 갖고 그의 질문에 대한 응답이 크리쉬나의 가르침이라 보고 있다.[7] 그리고 아르주나가 동족간의 전쟁 혹은 살생이라고 하는 비윤리적인 상황 가운데서 윤리적인 행위의 문제에 대하여 고뇌했음에 주의하면서, 바로 그렇기에 크리쉬나의 응답 역시 단순히 해탈의 길을 제시한 것이 아니라 올바른 윤리적인 행위의 길을 제시한 것으로 보고 있는 것이다. 이러한 점에서 그의 해석은 행위의 길이 중심이 된다[8]고 말해진다. 그리고 틸락은 이러한 입장을 정당화하기 위하여, 위에서 든 베단타 학파 세 조사(祖師)의 해석을 비롯한 예부터의 전통적인 해석들을 비판하였다.

그렇다면 과연, 『기타』는 해탈의 책인가, 윤리적인 행위의 책인

7) B.G.Tilak 2000, p.71.
8) 『기타』의 주제론에 대한 틸락의 해석에 대해서는 김호성 2004, pp.198~208. ; 김호성 2015a, pp.46~66. 참조.

가? 이러한 물음에 대해서 성급히 그 대답을 찾기 전에, 우선 나는 컨텍스트의 해석학이라 부를 수 있는 방법론을 취하고자 한다. 종래의 연구자/해석자들은 『기타』를 내용/텍스트의 차원에서만 접근해 왔다. 그러나 배경 서사/컨텍스트를 감안하여 『기타』를 읽게 되면 그 결과는 사뭇 달라진다.[9] 컨텍스트를 배제한 채 『기타』에서 어떤 사상이나 교훈을 찾아보고자 한다면, 『기타』는 해탈의 책이라 할 수 있으리라. 분명 크리쉬나의 가르침 속에는 그것이 핵심을 이루고 있기 때문이다. 그러나 『기타』의 컨텍스트, 즉 크리쉬나의 응답이 나오게 된 배경으로서의 아르주나의 상황과 그의 회의를 감안하게 되면 『기타』는 어떻게 행위할 것인가 하는 문제를 다룬 행위의 책이 될 것이다.

뿐만 아니다. 컨텍스트에는 『기타』라는 텍스트의 컨텍스트만이 아니라 독자/해석자인 나 자신의 컨텍스트 역시 존재한다. 나의 컨텍스트에 입각하여 『기타』의 컨텍스트를 읽어가야 한다. 『기타』는 '고대–인도–힌두교'라는 컨텍스트를 갖고 있으며, 해석자인 나 자신은 '현대–한국–불교'라는 컨텍스트를 갖고 있는 것이다.[10] 이 글에서 아르주나의 회의에서 그 불교적 의미를 찾아보려고 하는 것도 『기타』 그 자체의 컨텍스트를 나의 컨텍스트에 의해서 읽어냄/배제해냄으로써, '현대–한국–불교'를 컨텍스트로 갖는 나 자신의 삶 속에서도 적용 가능한 『기타』의 가르침/보편성을 추출해 내

9) 텍스트와 컨텍스트의 개념 및 양자를 구분하는 해석학적 방법론에 대해서는 김호성 2000a, pp.85~86. 참조.

10) 나는 인도불교 연구와 관련하여 해석자의 컨텍스트를 배제하지 않아야 한다는 점을 살펴본 일이 있다. 김호성 1997b, pp.72~75. 참조.

기 위해서이다. 이때 나의 컨텍스트에 일치하는 『기타』의 가르침을 나는 또 '텍스트(text)'[11]라고 부른다. 이러한 방법론에 입각하여 이 글을 구성해 가게 될 것이다.

II. 다시 읽는 아르주나의 회의

1. '아르주나의 회의'를 설하는 부분

제1장에 대한 관심으로부터 우리의 논의를 시작해 보자. 우선 제1장 전체를 조명해 볼 필요가 있는데, 이를 위해서 가장 유효한 방법이 과목(科目, analyses diagram) 나누기[12]이다. 나의 과목 나누기를 제시하기 전에 먼저 라다크리쉬난(S.Radhakr.shnan, 1888~1977)의 과목을 제시함으로써 논의의 실마리로 삼고자 한다.

표 3 : 제1장에 대한 라다크리쉬난의 과목

- 질문 : 1
- 양쪽 군사들 : 2~11
- 나팔 소리 : 12~19

11) 내가 쓰는 '텍스트'라는 말에는 세 가지 의미가 있다. 책, 내용, 그리고 수용 가능한 보편성이다.

12) 과목 나누기가 무엇이며, 그것이 어떠한 해석학적 의미를 갖고 있는지에 대해서는 김호성 1998b, pp.61~68. ; 김호성 2009a, pp.84~97. 참조.

- 양 진영을 조망하는 아르주나 : 20~28
- 아르주나의 절망 : 29~47

1송을 질문으로 하여 독립시킨 것이 특이한데, 질문이 있다면 그에 대한 대답이 하나의 범주로 묶어질 수도 있었을 것이다. 그러나 그는 그렇게 하지 않았다. 나머지 부분은 대체로 무난하다. 그렇게도 볼 수 있다는 것이다.

그런데 나는 이 제1장이 『기타』의 전체에 있어서는 머리말 역할을 하는 서분(序分)에 해당된다는 점에 주의를 기울이고 싶다. 그리고 그 부분을 다시 크게 배경이 되는 부분과 『기타』 전체에 걸친 대화의 단초를 여는 문제 제기 부분으로 다시 나누고자 한다. 이를 도표로 나타내면 다음과 같이 된다.

표 4 : 제1장의 과목 나누기

- 등장 인물의 소개
  - 물음 : 1
  - 대답
    - 대답의 유도 : 2
    - 전세(戰勢) 소개
      - 판다바들: 3~6
      - 카우라바들 : 7~11
    - 사기 진작의 나팔소리 : 12~19
- 아르주나의 회의
  - 양 군(兩軍)의 중간에 선 아르주나 : 20~27
  - 아르주나의 회의 : 28~47

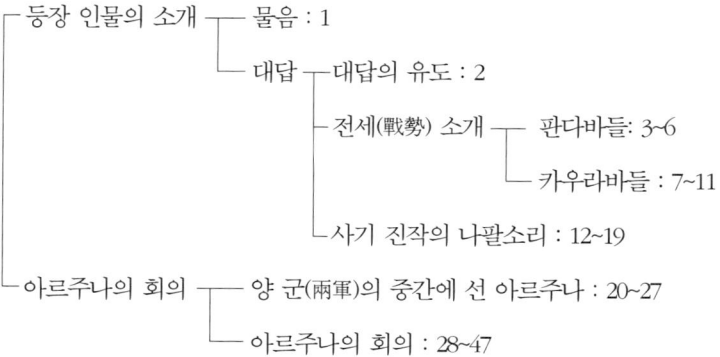

아르주나의 회의라고 이름하는 그 부분(1:28~47)은 사실 제2장에

서부터 전개될 크리쉬나의 응답을 요청하는 질문으로서의 역할을 담당한다. 그런데 아르주나의 회의는 제1장에서만 등장하는 것이 아니다. 비록 제1장보다는 적은 분량이지만 제2장에서도 등장한다. 따라서 제2장의 구조를 분석하여 과목으로 제시할 필요가 있을지도 모른다. 그렇지만 이미 그렇게 한 일이 있으므로[13] 여기서는 중복하지 않기로 한다. 다만, 제2장의 4송에서 8송에 이르는 부분 역시 아르주나의 회의와 질문에 해당된다는 점을 지적해 둔다. 그렇게 보게 되면, 아르주나의 회의를 재조명하고 있는 이 글에서는 그 성격상 제1장과 제2장에서 언급되는 아르주나의 회의에 해당되는 부분을 함께 모아서[14] 다시 한 번 더 세밀하게 관찰해 볼 필요가 있으리라 생각된다. 따라서 이를 함께 과목으로서 나누어 보면 다음과 같다.

표 5 : '아르주나의 회의' 부분의 과목 나누기

- 제1장의 회의
  - 아르주나의 심리 묘사 : 28~30
  - 부도덕한 결과 예측 : 31
  - 회의/생명이냐 왕권이냐 : 32
  - 아힘사의 정신 : 35
  - 살생을 초래할 악 : 36~37
  - 일족의 멸망을 초래할 악 : 38~39
  - 가족의 법도/다르마의 유지 : 40~45

13) 김호성 2000a, p.93. 참조.

14) 아르주나의 회의가 제1장에서 끝나지 않고 제2장까지 이어진다는 점에서, 제1장과 제2장 사이의 장(章) 구분은 부적절한 것으로 볼 수도 있다.

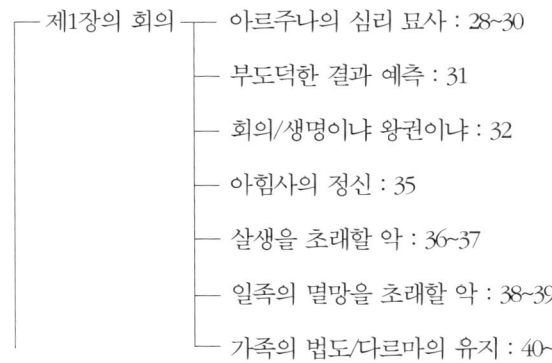

- 아힘사의 정신 : 46
- 쌈자야의 나레이션 : 47

제2장의 회의
- 쌈자야의 나레이션 : 1
- 크리쉬나의 책망과 격려 : 2~3
- 아르주나의 회의
  - 부전(不戰)의지의 표명 : 4
  - 부전의 이유 : 5
  - 회의/현실과 이상의 갈등 : 6
  - 회의에서 나오는 질문 : 7~8

'아르주나의 회의 vs 크리쉬나의 응답'을 제1~2장으로 한정한 채 살펴본 일은 있다.[15] 그러나 거기에서는 제2장에서 마감될 수 없는 크리쉬나의 응답을 굳이 제2장까지로 한정시키는 방법을 취하였다. 그런데 이제 여기서는 크리쉬나의 응답 논리에 대해서는 다시 살피지 않고, 다만 제1~2장 사이에 걸쳐 있는 아르주나의 회의 부분만을 고찰해 보고자 한다. 제1장에서 제시된 아르주나의 회의에 대하여 크리쉬나는 한편으로는 책망을 하고, 한편으로는 격려를 한다. 2:2~3송이 그 부분인데, 여기서는 2송을 살펴보자.

> [전쟁을 하지 않으면 안 될] 어려움 속에서 어찌하여 그대를
> 천상으로 이끌지도 않을 것이며,
> 고귀한 계급의 사람들은 좋아하지도 않으며
> [그대에게] 불명예가 될 이러한 우유부단함이 [일어나게 되었는가?] 아르

15) 위의 글, pp.86~101. 참조.

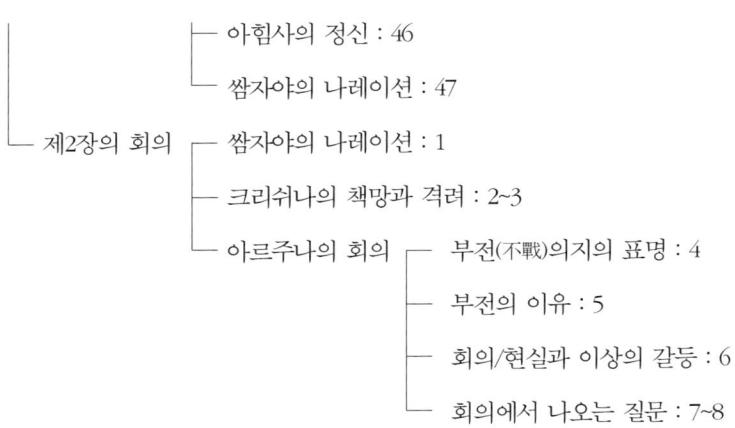

주나여![16]

'고귀한 계급의 사람'은 상층의 힌두 카스트이며, 아르주나에게 불명예가 된다는 이야기는 아르주나가 왕족 · 무사 계급인 크샤트리아이기에 그 계급의 의무(svadharma)를 다하지 않음으로써 초래되는 불명예를 말한다. 즉 크리쉬나는 카스트체제에 기반한 힌두교의 사회적인 관습 · 법 · 힌두 다르마의 입장에 서 있음을 나타내고 있는 것이다. 그것이 아르주나에게 주어지는 크리쉬나의 설득논리의 하나이다. 이를 나는 '현실주의 윤리'라고 부른다.[17] 이러한 설득에도 불구하고, 아르주나의 회의는 좀 더 지속된다. 과연 그는 무엇 때문에 회의하는 것이며, 거기에 담긴 의미는 또 무엇인가? 절을 바꾸어 논의해 보기로 하자.

2. 회의의 이유와 의미 재고[18]

(1) 회의의 이유

양 편의 군대 사이에서 전차를 멈추게 한 아르주나는 전쟁터에

16) "kutas tvā kaśmalam idaṁ viṣame samupasthitam, anārya-juṣṭam asvargyam akīrtikaram, Arjuna?" BG 2:2.

17) 김호성 2000a, pp.96~97. 참조.

18) 여기서 '재고'라고 한 까닭은 이미 나 자신 아르주나의 회의와 그 의미에 대해서 살펴본 바 있기 때문이다. 김호성 2000a, pp.86~88. ; 김호성 2003a, pp.467~469. 따라서 이 글은 그 당시에 논의하지 못한 내용을 추가하여 제시하는 것을 중심으로 한 재고찰이라 할 수 있다. 이 절은 김호성 2000a, 2003a 두 편 논문에 대한 보완과 후속의 글인 셈이다.

서 무기를 버린다(1:47). 그는 전쟁에의 참여를 그 의무로 하는 크샤트리아 계급의 일원이다. 그러나 이제 그는 참전을 단념한다. 이 현상에 대하여 지금까지 많은 연구자나 번역자는 '절망'이라는 심리적인 언어로 설명해 왔다. 그러나 나는 그와 같은 아르주나의 절망/고뇌를 그 행위, 즉 전쟁의 윤리적인 정당성을 묻는 윤리적인 고뇌로서 이해하고 있다. 그러므로 나는 그것을 '갈등'이라는 심리적인 언어로서 표현하지 않고 '회의'라는 윤리적인 언어로서 표현하고 있는 것이다.

그렇다면 왜 아르주나는 회의하는 것일까? 이에 대해서는 두 가지 이유를 생각해 볼 수 있다. 가장 표면적인 이유는 그가 지금 전쟁터에서 죽이고자 하는 적이 바로 동족이었기 때문이다. 즉 왕위의 계승, 곧 권력을 위한 동족간에 일어난 전쟁이었기 때문이다. 이와 같은 상황에서, 아르주나는 다음과 같이 외친다.

> 크리쉬나여, 나는 승리를 열망하지 않으며
> 왕권도 즐거움도 [열망하지 않소.]
> 우리들에게, 고빈다여, 왕권이 무슨 소용이 있으며,
> 쾌락이나 삶이 무슨 소용이 있겠소?[19]

그의 적이 자신의 친족이라는 점에 있다. 친족이기 때문에 그와 같은 회의가 생긴 것이다. 구체적으로는 "영원한 계급의 의무와

19) "na kāṅkṣe vijayaṁ, Kṛṣṇa, na ca rājyaṁ sukhāni ca : kiṁ no rājyena, Govinda, kiṁ bhogair jīvitena vā." BG 1 : 32.

가족의 의무들은 파괴된다"(1:43)는 것을 걱정하고 있는 것이다. 제1장에서는 가부장제적인 종법 질서(1:41), 조상들에 대한 제사의 이행(1:42), 계급 질서의 유지(1:43) 등이 설해지고 있다. 또 제2장에서는 스승과 가문의 원로에 대한 존중(2:4~5)을 그 이유로서 추가하고 있다. 이렇게 인도-힌두교적 컨텍스트에서 말하는 효(孝)로서 이해할 수 있는 다르마의 강조, 가부장제적 종법질서의 옹호 등의 측면에서 볼 때, 힌두교의 윤리적 입장은 중국-유교의 그것과 매우 닮아 있다고 나는 본다.[20)]

그런데 이유가 그것만은 아니다. 종래 연구자들이 잘 파악해 내지 못한 이유의 하나로서 무상감(無常感)이 있었던 것으로 나는 본다. 전쟁을 해서 이긴다고 한들 무슨 의미가 있는가 라고 하는 허무감(虛無感)[21)]에 그는 휩싸여 있었던 것이다.

> 그러므로 우리들은 친족인 드르타라쉬트라의 아들들을
> 죽여도 좋을 권리가 없으며,
> 마다바여, 실로 어찌 친족을 죽이고서
> 우리들에게 기쁨이 있겠습니까.[22)]

---

20) 김호성 2001 ; 김호성 2010 참조.

21) 종래 우리는 무상이나 허물에 대해서 부정적으로 생각하는 경향이 없지 않았다. 그 역시 하나의 근대주의적 편견이라 할 수 있는데, 무상하다고 하는 인식, 또는 허무하다고 하는 인식은 진취적 태도가 아니라는 점에서 비판되어 왔지만, 실제로는 바로 그러한 태도야말로 권력이나 전쟁과 같은 것을 욕망하지 못하도록 하는 중요한 심리적 기제가 되기도 한다. 그런 점에서 재조명되어야 할 주제이다.

22) "tasmān n'ārhā vayaṁ hantuṁ Dhāratarāṣṭrān sabāndhavān, svajanaṁ hi kathaṁ hatvā sukhinaḥ syāma, Mādhava?" BG 1:37. 유포본은 'sabāndhavān' 대신 'svabāndhavān'을 선택하고 있으나, 그 의미의 차이는 없다.

승리를 하더라도, 거기에는 어떤 기쁨도 없으리라는 절망이 놓여 있다. 그러니, 아힘사의 정신이 드러나 있는 1:46에서는 무상감/허무감에서 차라리 내가 죽는 것이 더 낫다는 느낌까지 갖게 되는 것이다. 그렇게도 읽을 수 있다. 그런데 이러한 아르주나의 회의는 『마하바라타』의 '평안의 권(Śāntiparvan)' 모두부(冒頭部)에서 볼 수 있는, 아르주나의 장형(長兄) 유디스티라(Yudhisthira)가 느꼈던 회의를 생각나게 한다. 비록 전쟁을 승리로서 마무리 지었음에도 불구하고 비참한 전쟁, 특히 본의 아니게 동복(同腹)의 형제인 카르나(Karṇa)를 살해하고 말았다는 비극 앞에서 정히 아르주나가 느꼈던 것과 같이 왕권이 무슨 소용이 있으며, 세속에서의 향락이 무슨 소용이 있느냐 라고 회의한다. 그리고 그는 왕위도 세속도 내버리고서 출가를 하고자 한다.[23)]

물론, 아르주나의 회의가 크리쉬나의 설득에 의해서 극복되는 것처럼 유디스티라의 회의 역시 재가주의(在家主義)의 입장을 취하는 형제들의 반론에 부딪치고, 그의 '슬픔(悲哀)의 치유(Śokāpanodana)'[24)]가 시작된다. 아르주나의 회의든 유디스티라의 회의든 모두 다 치유된다. 그런데 만약 회의가 극복되지 아니하고 끝까지 견지되었다면 어떻게 되었을까? 유디스티라가 출가하고자 했던 것처럼, 아르주나 역시 출가의 길을 걸었을 것이다. 회의의 철저한 실천으로 가져왔을 그 출가의 길은 바로 불교의 출가라고 하는 점에 우리는 주의를 기울여야 할 것이다. 물론, 힌두교 역시 아쉬라마(āshrama) 체제

---

23) 德永宗雄 2002, pp.165~166. 참조.

24) apanodana의 사전적 의미는 제거(removing), 방기(放棄, driving away) 등이다. S.M.Williams 1960, p.49.

속에서 출가라고 할 수 있는 임서기(林棲期, var.aprastha)와 유행기(遊行期, saṁnyāsin)가 있다. 그러나 그러한 힌두교의 체제에 부합하는 출가는 『마누법전』과 같은 법전류(法典類)에서 정해진 바와 같은 가주기의 의무를 충실히 행한 뒤 노년에 이르러 행하는 출가이다. 그 가주기 동안 크샤트리아는 그 계급의 의무인 전쟁에의 참전이나 통치행위를 거부할 수 없는 것이다. 그렇게 볼 때, 아르주나의 회의나 유디스티라의 회의에 함축된 출가는 가주기의 의무-크샤트리아 계급의 의무-를 포기하고 행하는 출가로써 힌두교의 출가는 아니다. 가주기를 건너뛴 것으로서, 불교의 출가라고 할 수밖에 없다. 이 점에서도, 나는 아르주나의 회의에 함축된 불교적 의미 하나를 확인할 수 있게 된다.

(2) 회의의 의미

아르주나의 회의와 관련해서 종래의 연구자들은 그 이유만을 묻는 데서 멈추고 만다. 의미를 묻지 않고 있는 것이다. 그 이유는 방법론적으로 『기타』를 『기타』의 컨텍스트 안에서만 이해하고 독자/해석자로서의 자신의 컨텍스트는 의식해 내지 않았기 때문이다. 『기타』가 오늘 우리의 컨텍스트 속에서는 어떤 의미를 갖는지 물어야 한다. 그래야 『기타』가 오늘 우리의 삶 속에서도 살아날/적용될 수 있는 부분이 있게 될 것이다. 그래서 아르주나의 회의가 어떤 이유에서 제기되었느냐 하는 점보다도, 그러한 회의가 어떤 의미를 갖는가 하는 점이 더욱더 문제시 되어야 한다. 나는 아르주나의 회의의 의미를 다음과 같이 세 가지로 정리[25]해 본 일이 있다.

첫째, 아르주나의 회의는 아힘사(ahiṁsā)의 이념을 선명하게 보여주고 있다.

둘째, 아르주나의 회의는 권력에 대한 집착이 아니라 그 포기를 지향한다.

셋째, 아르주나의 회의는 화쟁(和諍)을 위한 출발점이 될 수 있음을 보여준다.

이들 셋 중에서, 이 글은 첫째 아힘사의 이념을 전쟁과 테러의 악순환이라는, 9·11 이후 오늘에 이르는 컨텍스트를 생각하면서 좀 더 고찰해 보고자 한다. 아르주나의 회의에서 종래에는 주목되지 않았던 의미를 내가 새롭게 보고 싶다고 생각한 것은, 다음과 같은 아르주나의 발언이 있기 때문이다.

> 또한 저들이 [나를] 죽이려 하더라도,
> 나는 저들을 죽이고 싶지 않소.
> 마두수다나여, 삼계의 지배권을 위해서도 또한 [저들을 죽이지 않을 터인데]
> 어찌 이제 땅을 얻고자 해서 [저들을 죽이고자 하겠소.][26]

25) 김호성 2000a, pp.88~92. 참조.
26) "etān na hantum icchāmi ghnato 'pi, Madhusūdhana, api trailokya-rājyasya hetoḥ, kiṁ nu mahī-kṛte?" BG 1:35.

이 1:35의 시보다도 더욱 명백하게 불살생/비폭력/아힘사의 의미를 잘 드러내고 있는 표현은 없다고 나는 생각한다. 아힘사는 상대가 나에게 어떠한 폭력도 행사하지 않을 때, 내가 먼저 살생이나 폭력을 행사하지 않겠다고 하는 맹세가 아니다. 남이 나를 때리거나 죽이려 하지 않을 때, 내가 상대에게 그러한 위해를 가하지 않는다는 것은 너무나 당연하지 않은가. 상식적인 인간이라고 한다면 말이다. 정작 어려운 것은 상대가 나를 미워하고, 나를 욕하고, 나를 때리고, 심지어는 나를 죽이려고 할 때이다. 이때 나의 목숨을 지키기 위한 방어로써 상대에게 위해를 가하는 것은 정당방위라고 한다. 보통 사람들은 정당방위를 한다. 그러나 정당방위는 세속적 법률에서는 허용되는지 몰라도, 그것이 아힘사로서 인정되는 것은 아니다.[27] 아힘사는 정당방위를 포기하는 데서 성립한다. 1:35에서 아르주나는 정당방위를 포기하겠다는 것이다. 이것이 아힘사가 아니고 무엇이겠는가. 이 '아힘사의 정신'은 다시 1:46에서 한 번 더 반복된다.

만약 무기를 손에 든 드르타라쉬트라의 아들들이
저항도 하지 않고
전쟁터에서 무장도 하지 않은 나를 죽인다면,
그것이 나에겐 더 행복할 것이오.[28]

27) 김호성 2003b, pp.6~7.
28) "yadi mām apratikāram aśastraṁ śastra-pāṇayaḥ, Dhārtarāṣṭrā raṇe hanyus, tan me kṣemataram bhavet." BG. 1:46.

이렇게 1:35와 1:46에서 아힘사의 이념을 볼 수 있다고 한다면, "아르주나의 회의 vs 크리쉬나의 응답"이라고 하는 『기타』의 기본적인 서사 구조는 "불살생/비폭력의 지향 vs 살생의 용인/폭력 허용의 입장"이라고 볼 수 있게 된다. 만약 크리쉬나의 응답이 아르주나의 회의를 극복케 하여 그를 전쟁에 참전시키는 것에 있었다고 하는 점을 망각하지 않는다면, 크리쉬나의 이야기는 그 어떠한 것이든 결국은 아르주나를 설득하는 논리로서 기능한다고 볼 수밖에 없게 한다. 실제 『기타』 안에서는 그렇게 되어 있다. 크리쉬나의 관점에 대해서 여기서 상세하게 추적하는 것은 이 글의 범위를 넘어서므로 삼가고자 한다. 다만, 그의 논리에는 '정당방위'론을 인정하는 이른바 '정의의 전쟁'론이 제시되어 있음만을 환기하고자 한다. '정의의 전쟁'(dharmya yuddha ; dharmya saṁgrāma)은 정의를 지키기 위해서 행해지는 전쟁을 말한다. 『기타』 2:31과 2:33에서 그대로 확인되는 개념이다. 여기서는 2:33을 읽어보기로 하자.

> 그러나 만약 그대가 이러한
> 정의의 전쟁을 하지 않는다면
> 그때에는 자기 계급의 의무와 명예를 저버리고서
> 죄악에 이르게 될 것이다.[29]

그렇게 정의를 지키기 위하여 폭력/전쟁도 불사하겠다는 논리

29) "atha cet tvam imaṁ dharmyam saṁgrāmaṁ na kariṣyasi, tataḥ svadharmaṁ kīrtiṁ ca hitvā pāpam avāpsyasi //" BG 2 : 33.

야말로 정당방위론의 수용에 다름 아니게 된다. 그리고 그것은 바로 아힘사와 정반대의 대척점에 존재하는 것이 된다. 이런 점에서도 다시 한 번 더 우리는 아르주나의 회의에서 아힘사의 정신을 그 의미로서 찾을 수 있게 된다.

한편, 나로서는 아르주나의 회의 중에 간디의 비폭력의 이념을 읽어내는 것이 가능하다고 생각하는데, 실제 간디는 그와 같이 이해하지 않고 있다. 그는 아르주나의 회의에 대해서 특별한 의미를 부여하지 않고 있다.[30] 뿐만 아니라, 역으로 그 자신의 비폭력의 이념을 크리쉬나의 참전론 중에서 발견하고 있다. 바로 이러한 간디의 한계/오류 때문에, 그는 얼마나 많은 혼돈을 야기하고 또 그것을 해결하기 위하여 불필요한 노고를 얼마나 많이 겪고 있는지 알 수 없다. 간디의 『기타』 해석에 있어서 가장 힘을 기울이는 부분은 바로 크리쉬나의 설득 논리에서 비폭력의 이념을 발견하려는 데에 있다. 나는 그의 입장을 『기타』에 대한 오독(誤讀)으로 본다. 크리쉬나의 응답의 논리는, 간디가 부르짖고자 했던 아힘사가 아니라 살생 용인/폭력 허용의 입장이었기 때문이다.

한국-불교도인 내가 보기에, 아르주나의 회의 속에서 오히려 더욱더 분명하게 아힘사를 볼 수 있는데, 그것을 인도-힌두교도인 간디는 못 보고 있는 것이다. 그렇다면, 그 이유는 어디에서 찾을 수 있을까? 그것은 바로 그가 충실한, 신심 깊은 힌두교도였기 때문이었던 것으로 나는 생각하고 있다. 힌두교에서 크리쉬나는 바

30) 간디의 『기타』에 대한 일곱 가지 저술 중에서 가장 상세한 강의록인 M.K.Gandhi 1969, p.99. 참조. 그러나 그는 '회의의 이유'만을 언급하고 있다.

로 신앙의 대상으로써 신이 아니던가. 그 신의 말씀 속에 진리가 있으리라 믿는 것은 그로서는 당연한 일이었으리라. 그러나 그것이 그의 불행이자 한계였다.

간디와는 달리 인도인이면서도 크리쉬나의 논리 속에서가 아니라 아르주나의 회의 속에서 큰 의미를 찾는 사람이 있다. 바로 아마르티아 센(Amartya Sen)이다. 센은 1998년 노벨경제학상을 수상한 경제학자이자 사회철학자이며, 인도의 철학과 문화에 대한 많은 비평을 쓴 비평가이기도 하다. 그가 비록 "힌두교 배경을 가졌으며, 비(非)브라만이며, 내세를 믿지 않는 사람"[31]이어서인지 알 수 없으나, 나와 마찬가지로 제1장에 깊은 관심을 갖고 있다. 즉 아르주나의 회의에서 적극적인 의미를 읽어내려는 입장을 취한다.

> 이러한 토론들(아르주나의 회의와 같은 토론들-인용자)은 여전히 현대세계에서도 전적으로 타당하다. 자신의 의무라고 생각하는 것을 하려는 경향은 강해야 하겠으나, 어찌 우리가 우리의 의무인 것으로 받아들여야 하는 것을 행함에 의해서 따라오는 결과들에 무관심할 수 있겠는가? 우리의 지구적 세계에서 일어나는 분명한 문제들(테러리즘, 전쟁, 폭력으로부터 전염병, 불안전, 그리고 절대빈곤에 이르기까지), 또는 인도의 특별한 관심사(경제개발, 핵 대치, 지역의 평화)에 대해서 생각해 볼 때, 자신의 의무를 다해야 한다는 크리쉬나의 논증을 고려함과 더불어 아르주나의 결과주의적 분석을 문제삼는 것은 중요한 일이다.[32]

31) A.Sen 2005, p.19.
32) A.Sen 2005, pp.5~6.

아마르티아 센은 크리쉬나의 논리를 의무주의로 이해하고, 아르주나의 회의는 결과주의로 이해한다. 이러한 그의 관점은 분명 크리쉬나와는 물론 간디와도 많이 다르다. 오히려 나의 관점과 매우 유사한 것으로 보인다. 이러한 의미에서, 그는『기타』의 또 다른 해석자[33]이다. 그도 그럴 것이 그는 민주주의에서 회의론이 갖는 가치를 높이 평가하면서, 아르주나만이 아니라 인도 전통 속에 나타난 다양한 회의론을 조망하고 있는 것이다.[34]

III. 의미의 현재성과 불교[35]

아르주나의 회의에 드러나 있는 의미, 즉 아힘사/비폭력의 사상은 지금 우리가 사는 현대세계에 어떤 의미를 주고 있는지 살펴보고자 한다. 무엇보다도 크게 주목하고 싶은 것은 아르주나의 회의의 정신은 평화에의 지향이라고 하는 점이다. 전쟁터의 한가운데에서 크샤트리아 계급의 일원인 아르주나는 당연히 임전무퇴의 정신으로 적을 죽이고자 했어야 했다. 그러나 그는 처음부터 전쟁의 정당성을 확신하지 않고 회의한다. 그가 적극적으로 전쟁에 참여하는 자세는『기타』의 총결론이라 할 수 있는 18:73에서 그의 결심으로 잘 나타나 있다. 물론, 그는 출가의 길을 걷지 못하고 크리

33) 이에 대한 보다 심층적인 연구는 또 다른 기회가 필요하다.
34) A.Sen 2005, pp.21~25. 참조.
35) 이 장은 김호성 2003a, 466~467.의 수정, 증보임을 밝혀둔다.

쉬나에 의해서 설득 당하고, 전쟁에 참여하게 된다.

> 당신으로부터 은총을 [입음으로써] 나는 미혹은 사라지게 되었으며,
> 기억을 얻게 되었소.
> 오, 불멸자여! 나는 [지혜에] 확고히 서 있으며 의혹은 사라졌으니,
> [이제] 당신의 말씀을 행하겠나이다.[36)]

여기서 '당신의 말씀'은 전쟁에 참여하라는 크리쉬나의 말씀이다. 여기에서 아르주나의 회의는 극복된다. 회의의 극복은 그가 하나의 입장을 받아들이고 있음을 의미한다. 이때 아르주나를 설득하는 논리의 하나로써, 이른바 '정의의 전쟁'론[37)]이 있다. 그 논리구조를 간략히 제시해 보면 다음과 같이 된다.

> 악이 있다.
> 그러므로 악에 대한 전쟁은 정의의 전쟁으로서 선이다.

그러나 이러한 논리에는 상대는 악이고 나는 선이라는 하나의 독단이 개재되어 있다. "과연, 상대는 악이고 나는 선인가"라는 회의적 태도는 더 이상 보이지 않는다. 확신만이 존재한다. 그리고 악을 구축(驅逐)하는 것을 스스로의 성스러운 의무로서 자임(自任)해

---

36) "naṣṭo mohaḥ smṛtir labdhā tvat-prasādān mayā 'cyuta, sthito 'smi gata-saṁdehaḥ, kariṣye vacanaṁ tava." BG 18:73.
37) '정의의 전쟁'론이 정의롭지 않다는 점을 비판한 것은 김호성 2003b, pp.5~35. 참조.

간다. 그리고 그것을 위해서는 폭력이나 살생마저 용인한다. 그 싸움은 성스럽기조차 하다고 평가된다. 이른바 '성전(聖戰, jihad)'의 개념도 이와 다르지 않은 것이다. 그렇지만 실제 우리의 현실세계에서는 선과 악이 그렇게 분명하게 구분되지 않는다. 테러가 악이라는 논리가 분명 옳지만, 그 악 속에도 어쩌면 저들 나름의 아픔이나 억울함 등의 선적(善的)인 측면이 있을 수도 있고, 또 안티테러(anti-terrorism)로서의 폭격이나 공격이 선이라 하더라도 무고한 민간인에 대한 살상 등과 같은 악 역시 분명 존재한다.

그 뿐만 아니다. 회의의 극복 이후의 독단에서 더욱 위험한 것은 상대가 폭력을 가해 온다고 해서 그에 대한 대응 폭력으로서의 정당방위가 선인가 하는 점이다. 만약 정당방위를 선이라고 한다면, 테러와 전쟁의 악순환은 멈춰질 수 없을 것이다. 테러는 공격/침략에 대한 정당방위라고 주장할 것이며, 공격/침략은 테러에 대한 정당방위라고 서로 주장할 것이기 때문이다. 정당방위를 인정하는 관점에서는 정당방위하지 않을 수 없는 현실적인 폭력의 존재를 들면서 반론할 수 있다. 그러나 그러한 폭력의 해결을 다시 폭력적인 방법에 의지할 수밖에 없는가 하는 점이 문제로서 제기될 수 있다. 진정으로 자기 이익을 넘어서서 외교적인 방법이나 문제의 근원적인 해결을 시도해 가는 속에서 폭력을 줄여가야 할 것이다.

하여튼 이러한 정당방위의 논리로서는 폭력의 악순환을 종식시킬 수 없다. 정당방위로서의 '정의의 전쟁'론은 상대주의의 논리/윤리이다. 시비를 넘어선 절대주의의 논리/윤리가 필요하다. 시비는 시비를 낳는다. 시(是)는 비(非)를 제도하거나 구할 수 없다. 비를 제도하거나 구할 수 있는 자비는 오직 나 스스로를 상대의 비에 대한 시로서 자리매김함을 넘어설 때뿐이다. 그것이 대(對)가 끊어짐, 즉 절대(絶對)이다. 이러한 맥락에서 나는 다음과 같이 말하고 싶다.

(전쟁, 혹은 테러를 불러일으키는) 악이 있다.

그렇지만 악에 대한 징계로서의 전쟁, 혹은 폭력도 결국 악이다.

선행하는 악의 존재가, 그에 대항하는 폭력을 정당화한다는 논리는 세속의 정치적인 논리로는 가능하겠으나, 결코 종교적이거나 신성한 것으로 받아들일 수는 없을 것이다. 만일 우리가 진실로 평화를 염원한다면,『기타』에서 크리쉬나가 말하는 것과 같은 이러한 '정의의 전쟁'론은 방기되지 않으면 안 된다. 지금의 세계는 테러와 테러에 대한 보복으로서의 전쟁, 그리고 전쟁에 대한 보복으로서의 테러가 반복되고 있다. 악에 대한 정당방위로서의 전쟁 역시 폭력일진대 세계의 현실은 그로부터도 한 걸음 더 나아가 버렸다고 할 수 있다. 악에 대한 정당방위만이 아니라, "악이 있다. 그러므로 악에 대한 선제공격마저 선이다"라는 이른바 '정당공격'론이라고 부를 수 있는 입장까지 나왔던 것인지도 모른다. 그것이 이라크 전쟁의 본질이고, 이것이 우리들이 서 있는 컨텍스트[38]이다. 평화의 길을 역행하는 이러한 현상 가운데서, "그들이

38) 이 글이 최초로 구상되고 집필된 것은 2003년이었고, 9·11테러 이후 전개된 미

(나를) 죽이려 하더라도, 나는 그들을 죽이고 싶지 않소"라고 하는 아르주나의 회의에 보이는 평화에의 지향은, 비록 아르주나 자신은 끝까지 견지하지 못한 채, 절반의 성공으로서 막을 내리고 말았지만 현재적 의미를 갖고 있는 것으로서 나는 평가한다.

한편, 『기타』의 제2장에서부터 제시되는 크리쉬나의 설득의 논리는 현실이라고 볼 수 있을 것이며, 아르주나의 회의에 함축된 평화지향은 이상이라 볼 수 있을 것이다. 이상은 비현실적인 것으로 보이기 쉽다. 그러나 우리는 그 이상에 의해서만, 이상주의에 의해서만 진정한 평화의 길이 가능함을 확인할 수 있지 않을까. 여기서 나는 종교를 이상주의로 정의하고자 한다. 종교의 성스러움을 기준으로 삼아서 말한다면, 현실에 부응한다고 하는 현실주의는 비록 그 현실에서는 힘을 가질 수 있으나 성스러움을 우리에게 주지는 못할 것이다. 하지만 이상은 비록 현실에서는 힘을 가질 수 없다고 하더라도, 불가능할지도 모르는 꿈을 실현하고자 노력하는 속에서 우리에게 성스러움을 줄 수 있을 것이다. 오히려 종교적이라 할 수 있다. 따라서 우리는 이제 한 종교를 평가할 때 그 종교가 얼마나 현실적인가 하는 현실성(現實性)을 잣대로 삼는 대신에 그 종교가 얼마나 이상적인가 하는 이상성(理想性)을 평가의 기준으로 삼아야 할 것이다.

다시 크리쉬나의 설득의 논리가 힌두교의 현실적 입장이라고 본

국의 이른바 '테러와의 전쟁'의 일환으로 이라크에서 전쟁을 일으켰던 사실을 그 배경으로 하고 있다. 이라크 전쟁의 시작에서 명분을 삼았던 것은 이라크에 대량 살상 무기가 있다는 것이었고, 그것의 파괴를 위한 전쟁은 정당하다고 선전했다. 그러나 이후 실제로 이라크에는 대량 살상 무기가 존재하지 않았다는 사실이 밝혀졌다.

다면, 아르주나의 회의에서 보이는 불살생 이념의 기원을 힌두교 가운데서 찾는 것은 불가능할 것이다. 비록 『기타』 16:2~3[39] 등에서 아힘사를 말하지 않는 것은 아니지만, 그러한 것은 어디까지나 개인윤리의 차원에서 주어진 것이며, 보다 큰 차원에서는 『기타』가 살생도 감내하는 '정의의 전쟁'론을 주장하고 있음은 너무도 분명해 보인다. 그러므로 나는 아르주나의 회의 그 자체는 힌두교적이라기보다는 오히려 자이나교나 불교와 상통(相通)하는 것으로 평가한다. 여기서 자이나교의 경우는 차치하고 불교의 경우만 살펴보기로 하자. 초기경전인 『법구경(法句經)』 제5송에서 다음과 같이 설하고 있기 때문이다.

> 실로 이 세상에 있어서의 원한은
> 원한에 의해서는 결코 멈추지 않는다.
> 원한을 버림에 의해서만 그친다.
> 이것은 영원한 진리이다.[40]

원한이 존재하지만 나는 원한으로써 원한을 갚고 싶지 않다는 말씀은 아르주나의 회의에서 보이는 것과 완전히 동일하다. 그러므로 한국의 불교인인 나에게 수용 가능한 『기타』의 가르침은, 크

39) "ahiṁsā satyam akrodhas tyāgaḥ śāntir apaiśunaṁ (—) bhavanti saṁpadaṁ daivīm abhijātasya, Bharata.(비폭력, 진리, 분노하지 않음, 포기, 적정, 비방하지 않음 (—) 이러한 것들은, 바라타족의 후예여, 신적인 (본성을) 타고난 사람들에게 갖추어져 있는 것들이다.)" BG 16:2~3.

40) "na hi verena verāni sammant 'idha kudācanaṁ, averena ca sammanti esa dhammo sanantano." Dhammapda 5송. 中村元 2000, p.10.

리쉬나의 설득의 논리에서 보이는 정의의 전쟁론이 아니라 아르주나의 회의에서 보이는 불살생/비폭력의 이념이다. 그것이 바로 『법구경』에 보이는 붓다의 가르침과 같기 때문이다.

IV. 아르주나의 회의, 평화의 길

이 글의 전제는 『기타』가 아르주나의 회의와 그에 대한 크리쉬나의 응답이라는 구조로 이루어져 있다고 보는 점에 있다. 그런 만큼 크리쉬나의 응답을 보다 잘 이해하기 위해서는 아르주나의 회의에 대해서도 세밀하게 살펴보아야 한다는 데 문제의식을 둔다. 도대체 아르주나는 왜 전쟁 참여를 눈앞에 두고서 그 전쟁의 정당성을 회의하고 있는 것이며, 그 의미는 무엇일까? 종래 많은 주석가/연구자들은 이 아르주나의 회의가 갖는 의미에 대해서 무심했었다. 그것은 『기타』를 '해탈의 서'로서만 파악했기 때문으로 보이는데, 바로 크리쉬나의 응답에만 주의를 기울였던 결과로 보인다.

아르주나의 회의에 초점을 두고 논의함에 있어서, 나는 먼저 아르주나의 회의가 설해지는 제1장과 제2장의 해당 부분(1:20~2:8)을 과목으로 나누어 보았다. 그런 뒤에 회의의 이유와 의미에 대해서 다시 재고해 보았다. 여기서도 방법론적으로 볼 때, 종래의 주석가/연구자들은 회의의 이유에 대해서만 주의를 기울였다. 적이 친족이기에 살생하려고 하지 않았다는 점을 흔히 듣곤 한다. 그러나 이유는 다만 그것만이 아니다. 그에 더하여 무상감/허무감을 들 수 있다. 친족을 죽인 대가로 주어질 왕권과 세속의 기쁨이 무슨 소용이 있는가 하는 점이다. 이러한 회의가 이어지면서, 아르주나가 끝내 부전(不戰)을 실행하였다면 그는 출가를 결행하게 되었을 것이다. 이는 『마하바라타』에 보이는 유디스티라의 회의를 감안하더라도 명백한 것으로 보이는데, 만약 그랬다고 한다면 그것은 계급의 의무를 다한 뒤에 행하는 힌두교의 출가가 아니라 계급의 의무를 포기하고서 감행하는 불교의 출가가 된다. 이 점에서 나는 아르주나의 회의에는 불교의 출가정신이 깃들어 있음을 확인할 수 있었다.

종래 『기타』의 주석가/연구자들이 아르주나의 회의의 이유에 대해서만 천착하고 회의의 의미에 대해서 외면한 것은 그들이 『기타』의 컨텍스트만을 문제삼을 뿐 해석자인 스스로의 컨텍스트는 문제삼고 있지 않기 때문이다. 오늘 우리의 컨텍스트를 감안하면서, 아르주나의 회의를 바라보게 될 때 그것은 아힘사/비폭력의 이념을 드러내고 있는 것으로 평가할 수 있다. 왜냐하면, 적들이 "나를 죽이려 하더라도 나는 그들을 죽이고 싶지 않소"라고 하는 실존적 결단이야말로 아힘사의 이념을 가장 극명하게 나타내는 것이기 때문이다. 이제 이러한 아르주나의 회의에 보이는 아힘사의 이념은 전쟁과 테러가 악순환되고 있는 우리의 세계현실에서 정당방위론이나 정의의 전쟁론이 아니라 이상주의적 태도를 취하도록 깨우치고 있다. 비록 저들이 전쟁/테러를 가해온다고 하더라도, 우리는 저들을 용서하고 이해하면서 평화적 접근을 해가야 한다는 것을, 그럼으로써 마침내 보복의 악순환으로부터 벗어나야 한다는 것을 아힘사의 회의는 가르쳐 주고 있는 것이다. 그런 점에서 그것은 원한에 의해서 원한을 갚으려고 하지 않으며, 원한을 쉼에 의해서만 원한을 갚으려고 하는 『법구경』의 가르침과 상통한다. 그러므로 아르주나의 회의는 힌두교적 가치관을 담고 있다기보다는 오히려 불교적 가치관을 표방하고 있는 것으로 판단된다.

한편, 힌두교의 크리쉬나는 적극적인 설득의 논리로 아르주나를 설득하였다. 그 결과 아르주나는 설득 당하여 회의를 내버리고 참전하게 되었으니, 그것은 곧 불교적 이상주의에서 힌두교적 현실주의로의 전향이었던 셈이다. 비폭력의 포기라는 점에서 아쉬운 일이라 아니할 수 없다. 그렇지만 비록 아르주나의 회의가 절반의 성공에 머문다고 하더라도 우리는 그 절반에 담긴 의미를 소중히 하지 않을 수 없다. 바로 거기에 평화와 공존의 철학이 잉태되어 있기 때문이다.

제2부

폭력/전쟁과 권력의 문제

『바가바드기타』와 『대승열반경』에서의 폭력/전쟁의 정당화 문제

– '정의의 전쟁'론을 중심으로

힌두교와 불교에서의 권력과 탈(脫)권력의 문제

– 『기타』와 『붓다차리타』를 중심으로

제2부 폭력/전쟁과 권력의 문제

『바가바드기타』와 『대승열반경』에서의 폭력/전쟁의 정당화 문제

–'정의의 전쟁'론을 중심으로

2016년을 맞이하였다. 돌이켜 보면, 2015년은 테러와 전쟁의 역사에서 특기할 만한 사건들이 많이 일어났다. 그렇지만 그 뿌리는 당장 2015년에 생긴 것은 아니다. 더 오래 거슬러 올라간다. 멀리는 9·11테러, 그리고 그 이후에 전개된 미국에 의한 '테러와의 전쟁'으로까지 소급될 수 있을지도 모른다. 아프가니스탄과 이라크에서 벌어진 전쟁이다. 그 당시 우리나라 역시 "국익을 위하여"라는 논리로 참전하였다.

이 글은 바로 그러한 시대 배경/컨텍스트(context) 속에서 씌어졌다. 전쟁, 테러, 혹은 폭력은 그 어느 것이나 악이라는 전제를 두고서 씌어졌다. 1차적 폭력이 악임은 물론이거니와, 그 1차적 폭력에 대한 폭력 역시 악이라고 말했다.

특히 내가 강조하려던 것은, 오늘날 전쟁과 테러와 같은 폭력을 정당하다고 말하거나, 심지어 성스럽다고 말해서는 아니 된다는 것이다. 지금까지 그렇게 정당화 내지 성화(聖化)해 주는 역할을 종교가 담당해왔다고 보고, 그러한 종교 내적인 논리를 비판코자 하였다. 그 대상은 바로 힌두교의 성전 『기타』에 나타난 '정의의 전쟁'론과 대승불교 경전인 『대승열반경』에 나타난 '호법(護法)'론이었다. 이들은 공히 정당한 목적을 위해서는 수단이 폭력이라도 좋다고 허용하는 태도를 보였다.

애당초 이 글은 전쟁과 테러와 같은 국제정치적 문제를 염두에 두면서 씌어졌다. 그러나 그 논리는 현대 한국불교의 종단 분규의 역사를 비판적으로 조망할 수 있는 발판으로 쓰일 수도 있을 것 같다. 그것은 결국 다음 논문에서 보듯이, 국내 정치와 종교의 관련성을 해체하는 것이 사실은 종교 교단 내부의 문제와도 연관되어 있음을 드러내는 일이 될 것이다.

이 글은 애시당초 「バガヴァッド・ギーターと大乘涅槃經における暴力/戰爭の正當化問題」, 『韓國佛教學Seminar』 제9호(東京: 韓國留學生印度學佛教學研究會, 2002), pp.149~166을 통해서 발표된 것이다. 하지만 편집 과정상의 실수로 인하여 논문이 중간에 대폭적으로 잘려 불구의 몸이 되어 버렸다. 따라서 발표되었다고 보기 어려운 것으로 판단되었다. 이렇게 논문의 전모가 학계에 보고되지 못한 상황을 타개하기 위하여, 그 일본어 논문을 우리말로 번역하고 또 수록되는 학술지(철학지)의 성격에 맞추어서 제목을 변경하여 다시 발표하게 된다. 「정의의 전쟁론은 정의로운가-힌두교와 불교의 논의를 중심으로-」, 『동서철학연구』 제28호(대전: 한국동서철학회, 1003), pp.5~35.가 그것이다. 다만, 그러한 사정을 『동서철학연

구』에 수록할 당시 밝히지는 못하였다. 하지만 이러한 정황을 나는 『천수경의 새로운 연구』(민족사, 2006. 7.15. 발행)에 부록하였던 「저자의 논문목록」에서는 밝혔다.

이 책의 성격과 제목에 맞추어서 다시 제목을 바꾸고 부제도 새롭게 설정하였다.

주요어 : 폭력, 전쟁, 테러, 정의의 전쟁, 호법, 아힘사, 비폭력, 천년왕국, 『대승열반경』, 간디.

Ⅰ. 폭력의 종식은 가능할 것인가

1. 폭력과 종교의 친연(親緣)

폭력 그 자체가 악이라는 사실에 대해서는 쉽게 동의하면서도, 폭력에 대응하는 저항적 폭력 역시 악이라고 하는 사실을 인식하기는 쉽지 않은 것 같다. 아니, 오히려 폭력에 대응/저항하는 폭력은 거기에 선행한다고 생각되는 악 혹은 폭력의 존재로부터 그 정당성을 추호도 의심받지 않는 경우가 많다.[1] 특히 그러한 정당성의 논리적 근거를 종교에서 구하고 종교가 폭력/전쟁을 정당화/성화(聖化)하는 논리를 제공하게 되는 현실[2]이 참된 평화를 멀어지게 하는 한 요인이라고 생각된다. 진정한 평화를 확립하기 위해서는 1차적 폭력은 물론이지만, 1차적 폭력에 대한 2차적 폭력마저 극복할 필요가 있다. 그렇게 하지 않는다면 마침내 폭력의 종식은 불가능하다고 보기 때문에 '정당한 폭력'이라는 관념에 대한 문제를 제기해 보려는 것이다. 그리고 그러한 폭력/전쟁의 정당화/성화를 종교에서 구하는 기도(企圖)를 불식할 필요가 있다고 본다. 이

---

1) 폭력을 제도적 폭력과 저항적 폭력으로 나눈 뒤 저항적 폭력은 정당한 폭력이라고 주장한 마르쿠제(Marcuse)의 경우[신중섭 1989, p.82.]나 테러에 대한 전쟁은 악에 대한 선의 전쟁으로서 정의롭다고 하는 관점에서 우리는 마찬가지 논리를 확인할 수 있으리라 본다.

2) 오늘날 세계의 분쟁지역들(아프간/이라크 대 미국, 이스라엘 대 팔레스타인, 파키스탄 대 인도)에서 현재 진행되는 폭력/전쟁을 보면, 종교적 정당화/성화의 기제가 그러한 분쟁을 더욱더 악화시키고 있음을 보게 된다.

른바 '정당방위'론에 대해서, 적어도 종교적인 관점에서 볼 때에는 결코 성스럽지 않다고 하는 사실을 말하려는 것이다.

그러나 오늘날 폭력/전쟁의 문제는 '정당방위'론으로 그치는 것이 아니라는 점에서 더욱 심각한 가치관의 혼란을 초래하고 있다. 이라크에 대한 미국·영국 연합군의 공격으로 시작된 2003년의 '이라크 전쟁'은 종래 우리가 가져왔던, '공격받는 자 = 선, 공격하는 자 = 악'이라는 등식을 여지없이 무너뜨리고, (만약 미국·영국의 주장대로 이라크가 악이라고 전제하더라도) 악에 대해서는 그것이 악이기 때문에 먼저 공격하는 것은 정당하다는 '정당공격'론이라는 새로운 술어를 만들 수 있게 하였다. 우리는 지금 이러한 세계 속에서 놓여 있는 것이다. 더욱더 우리의 과제를 어렵게 하는 것이라 아니할 수 없다.

그렇지만 나는 '정당방위'론에서도 종교적 정당화/성화의 기도가 인정되지 않는다는 사실을 말함으로써 폭력과 폭력의 악순환/윤회, 원한과 원한의 악순환을 종식해야 함을 말하고자 한다. 다음과 같은 『법구경(法句經)』의 말씀이 다만 불교 안에서만 진리로서 통용되어야 한다고 생각되지 않기 때문이다.

> 실로 이 세상에서는 원한을 갚는 데 원한으로써 한다면
> 마침내 원한은 멈추지 않는다.
> 원한을 버림으로써만 [원한은] 그친다.
> 이것이 영원한 진리다.[3)]

비록 우리가 공격 당한다고 하더라도 우리가 우리 마음 속에서 분노를 갖지 않아야 하는 이유이다. 분노가 폭력을 낳기 때문이다.

2. 힌두교와 불교의 정당방위론

정당방위론의 한 예를 9·11테러와 아프간 전쟁 사이에서 볼 수 있다. 그 직접적인 원인을 종교간의 대립이나 종교를 주된 내포로서 갖는 문명들의 충돌이라고 볼 수는 없다.[4] 그렇지만 테러리스트들이나 그것을 응징하려는 서방세계 지도자들의 의식 속에는 선행하는 폭력, 즉 악에 대한 응징로서의 폭력은 정당하다는 생각이 공유되어 있다. 그런 점에서 종교적 정당화/성화를 기도하고 있다고 생각한다. 세속적 폭력/전쟁에 정당화의 논리를 종교가 제공한다 함은 그 종교의 성전들 속에 그러한 논리가 내재되어 있음을 의미한다. 이 글에서는 힌두교와 불교의 경우를 중심으로 전쟁/폭력의 종교적 정당화에 대한 비판을 시도해 본다.

힌두교에서 폭력/전쟁의 정당화가 이루어지는 것은 주요한 성전의 하나인 『기타』에 나타난 '정의의 전쟁'(dharmya yuddha, dharmya saṅgrāma)론을 통해서이다. 주지하는 바와 같이, 『기타』는 권력 다툼으로 인한 사촌 형제들 사이에 벌어진 상잔(相殘)의 비극을 소재

3) "na hi verena verāni sammant 'idha kudācanaṁ, averena ca sammanti esa dhammo sanantano." Dhammapda 5송. 中村元 2000, p.10.

4) 새뮤얼 헌팅턴이 주장하는 것처럼 문명들 사이의 충돌로 9·11을 이해해서는 안 된다는 점을 비롯해서, 헌팅턴의 '문명의 충돌'론이 갖고 있는 문제점을 아마르티아 센은 본격적으로 비판하고 있다. A.Sen 2006, pp.40~58. 참조.

로 한 인도의 서사시 『마하바라타Mahābhārata』의 한 편이었으나, 별도로 유통된 별행본(別行本)이다. 주인공 아르주나는 무사 계급인 크샤트리아(kṣatriya) 출신이므로 전쟁에의 참여가 그의 계급의 의무(svadharma)이다. 『마누법전』에서는 다음과 같이 크샤트리아의 참전 의무를 강조하고 있다.

> 왕은 동등한 힘을 가지거나 우월한 힘을 가지거나 혹은 더 적은 힘을 가진 자들에게 도전을 받지만 그 인민을 지키고, 크샤트리아로서의 다르마(의무)를 상기하여 전쟁을 피해서는 안 된다.[5]

> 이와 같이 정당하고 영원한 병사들의 다르마는 이미 세상에 공표된 것이다. 크샤트리아는 이 다르마에 의거해서 전쟁에서 적을 죽이는 일을 기피해서는 안 된다.[6]

이러한 명령이 있음에도 불구하고, 아르주나는 "나는 싸우지 않겠다"(na yotsye, 2:9)라고 선언한다. 이른바 '아르주나(Arjuna)의 회의(懷疑)'가 시작되는 것이다. 이러한 아르주나의 회의에 대해서 비쉬누(Viṣṇu) 신의 화신 크리쉬나(Kṛṣṇa)는 여러 가지 설득의 논리를 제시한다. 나는 아르주나의 회의에 담긴 나름의 의미를 지적하면서 크리쉬나의 대응 논리를 하나하나 비판해 본 바 있다.[7] 이 글에서

5) 이재숙 · 이광수 1999, p.281.
6) 위의 책, p.282.
7) 김호성 2000a, pp.83~103. 참조. "문화상대주의 내지 종교다원주의적 관점에 서게 될 때, 나의 종교가 아닌 힌두교의 교리를 비판하는 것이 정당한가" 라는 문제제기가 가능하다. 그러나 수용(受容)이 불가능한 측면(context)에 대한 비판적 검토는

다루게 될 '정의의 전쟁'론은 『기타』 전체에 걸쳐서 구축된다고 볼 수도 있지만, 보다 직접적으로는 『기타』 2:31~33에서 제시된다. 이 부분은 내가 『기타』 제2장의 과목[8]을 나누었을 때, '자신의 의무 준수(2:31~37)'[9]라는 맥락 속에 들어있는 것이지만, 앞의 논문에서는 '정의의 전쟁'에 논의의 초점이 주어져 있지 않았다. 그런 까닭에 자기 의무의 준수라는 참전의 논리가 현실주의 윤리라는 점에서 무사 계급에게만 특수하게, 제한적으로 적용될 수밖에 없음을 지적[10]하는 데 그쳤다. 그러므로 이 글은 앞의 논문에서 논의가 결여되었던 '정의의 전쟁'론에 초점을 맞추고자 한다.

'정의의 전쟁'론에 대한 선행된 논의들 중에서 인도의 전통 속에서 그러한 논리를 화(和)와 전(戰=침략적 전쟁)의 조화라고 하는 맥락에서 타당하다고 논증한 K.N.Upadhyaya의 연구[11]가 있다. 그러나 이 역시 "과연 적에 대한 증오 없이 전쟁이 가능한가? 의무이기만 하면 전쟁은 정당화되는가? 모든 가능한 평화적 방법이 소용없을 때 전쟁이 불가피하다면, 그 소용없다는 판단은 누구의 몫인가?"와 같은 의문점들을 던져주고 있을 뿐이다. 실제로, 그 판단의 권리는

곧 수용 가능한 부분(text)의 토착화를 위해서 필요한 과정이라고 본다. 동양과 서양이 만나는 접점으로서 『기타』가 기능하기 위해서는 전쟁에의 참여 문제가 다시금 해명되어야 한다(단지 간디식으로 문학적 알레고리로 해석하고 마는 것이어서는 안 된다)고 주장하는 입장이 있다. R.A.Berg 1985~1987, pp.25~35. 이는 나의 관점과 상통하는 바 있으나, '정의의 전쟁'론을 다루고 있지는 않다.

8) 전통적 불교학의 방법론으로 널리 활용되었던 과목(科目)/과분(科分) 나누기에서 현대적·해석학적 의미를 파악하고 그 재활용을 주장한 글은 김호성 1998b, pp.61~68. 참조. ; 김호성 2009a, pp.84~97. 참조.

9) 김호성 2000a, p.93. 참조.

10) 위의 책, pp.96~99. 참조.

11) K.N.Upadhyaya 1969, pp.159~169. 참조.

전쟁을 일으키는 자들이 행사함으로써 그러한 논리는 전쟁의 정당화를 용인한다는 한계를 보이고 만다. 이러한 인도 학자의 옹호론과는 달리, 문제를 제기한 것은 F.Tola와 C.Dragonetti이다. 그들은 「불교와 폭력의 정당성」[12]이라는 논문을 통해서 『기타』에서의 '정의의 전쟁'론을 먼저 살펴본 뒤에 불교의 입장을 방대한 자료의 섭렵과 제시를 통해서 정리하고 있다. 힌두교와 불교의 입장을 함께 생각해 본다/공관(共觀)한다는 점에서 나의 방법론과 궤를 같이하지만 이들의 연구가 갖는 결정적인 한계는 『기타』의 '정의의 전쟁'이나 불교에서 예외적으로 폭력 허용의 입장을 담고 있는 것으로 그가 평가한 경전들[13]의 입장을 요약 · 나열하고 있을 뿐이었다. 서로 맞춰보거나 비판하는 등의 메타 차원이 결여되어 있다는 점이다.

특히 이 글에서 『기타』와 함께 고려해 보고자 하는 『대승열반경』[14] 「금강신품(金剛身品)」에 나타난 '호법'론 속에 '정의의 전쟁'론과 유사한 입장이 있다는 사실을 F.Tola와 C.Dragonetti는 간과하고 있다. 경전의 재해석을 통해서 현대세계가 직면하는 여러 문제에 대한 나름의 해답을 모색/제시하는 것에서 자기 학문의 의미를 찾

12) F.Tola & C.Dragonetti 2001, pp.63~100. 참조.

13) 『대방편불보은경(大方便佛報恩經)』. 대정장3, pp.161~162. ; 荻原雲來 1971, pp.165~166. ; 『대보적경 대승방편회(大寶積經 大乘方便會)』. 대정장11, 티벳역은 동북82 ; 『혜상보살문대선권경(慧上菩薩問大善權經)』. 대정장12, 티벳역은 동북 261. 위의 책, pp.90~93. 참조.

14) 『대승열반경』은 대승의 『대반열반경』을 지칭한다. 초기불교의 『대반열반경』과 구별하기 위하여(下田正弘의 例를 따라서) 이렇게 부르고자 한다. 『대승열반경』의 산스크리트 사본은 온전히 존재하지 않고 다만 약간의 단편(斷片)만이 전한다. 티벳역과 세 종류의 한역으로 담무참(曇無讖) 역본(40권), 혜엄(慧嚴) 등이 가필한 역본(36권), 그리고 법현(法顯) 역본(6권) 등이 있다. 본고에서는 담무참 역본을 저본으로 하면서 나머지 역본들을 대조하고자 한다. 下田正弘 1993. 참조.

는다면, 이는 결코 외면할 수 없는 문제가 아닐 수 없다. 그런 까닭에 『대승열반경』의 '호법'론에 나타난 관점이 과연 폭력의 정당화, 즉 정당한 폭력을 용인하고 있는지 검토해볼 필요가 있다. 이 문제를 지적한 것은 정치사상사를 연구하는 미쓰이시 젠키치(三石善吉)이다. 미쓰이시 젠키치는 중국 북위(北魏)시대에, 승려 법경(法慶)이 일으킨 '대승의 난'(515)과 관련하여 다음과 같이 문제를 제기하고 있다.

> 법경의 '대승'의 유래에 대하여 이제까지 명확하게 규정되어 있지 않았다. 그 출처는 바로 『열반경』의 이 부분에 의한 것이다. 오계(殺·盜·淫·妄言·飮酒 등을 하지 않는 것)에 구애되지 않고 정법을 지키는 것, 이것이 '대승'이라고 서술하고 있다. 즉 거꾸로 말하면 정법을 지키기 위해서는 오계를 어겨도 좋으며 그것이 '대승'이라는 것이다. (—) 이러한 상황 하에서는 '호법'을 위해 '계율을 지키는 사람이 백의(白衣)로 몽둥이나 칼을 가진 자에 의지하여 반려가 되는 것을 허락한다'고 경전은 말한다. 백의(재가의 신자)와 함께 '파계한 비구'에 대한 성전(聖戰)을 감행해도 좋다는 것이다.[15]

미쓰이시 젠키치의 관점에 대한 평가와 관련하여 우리가 살펴보아야 할 점은 두 가지이다. 첫째는 『대승열반경』「금강신품」에 대한 해석을 '정당한 폭력'의 용인으로 보아도 좋은가 하는 점이고, 둘째는 정당한 폭력의 용인으로 이해할 수 있다면 그러한 입

---

15) 三石善吉 1993, pp.124~125.

장을 불성(佛性)사상을 설하는 『대승열반경』 전체의 입장과는 어떻게 회통(會通)/조화할 수 있는가 하는 점이다. 이 글에서는 『기타』의 '정의의 전쟁'론을 먼저 살펴본 뒤에, 『대승열반경』 「금강신품」의 호법론에서 그와 같은 논리를 확인할 수 있는지 살펴본다. 그렇게 함으로써 『대승열반경』의 입장을 어떻게 이해해야 할 것인지 모색하기로 한다.

II. 힌두교에 나타난 '정의의 전쟁'론

1. 아르주나 vs 크리쉬나 = 비폭력 지향 vs 폭력의 정당화

『기타』에서 크리쉬나가 설하는 '정의의 전쟁'론이 아르주나의 회의에 대한 설득의 논리로서 제시되어 있음은 앞서 언급한 그대로이다. '정의의 전쟁'론이 폭력/전쟁을 정당화하는 논리라는 점을 분명히 하기 위해서는 그 대척점에 존재하는 아르주나의 회의를 다시금 살펴보는 것으로부터 시작할 필요가 있다. 널리 인구에 회자(膾炙)되는 바이지만, 아르주나의 실존적 고뇌의 음성을 다시 한 번 더 들어보자.

케사바여, 나는 전도(顚倒)된 조짐들을 봅니다.

전쟁에서 친족을 죽이고서
나는 [친족을 죽인 결과 얻게 되는 일이, 그렇지 않을 때]보다
더 좋은 일이라 볼 수는 없습니다.[16]

크리쉬나여, 나는 승리를 열망하지 않으며,
왕권도 즐거움도 [열망하지 않습니다.]
우리들에게, 고빈다여, 왕권이 무슨 소용이 있으며,
쾌락이나 삶이 무슨 소용이 있겠습니까?[17]

이러한 이유로 "아르주나는 전쟁터에서 활과 화살을 내버렸다."(1:47) 이러한 회의주의에 대하여 '흔들리지 않는 이'(acyuta)라고 불리는 비쉬누 신의 화신 크리쉬나는 여러 가지 논리로 아르주나를 설득하여 전쟁에 참여하게 한다. 종교적 차원에서 전쟁에의 참여, 즉 폭력 행사를 정당화하는 기제(機制, mechanism)가 발견 · 확인되는 것은 바로 그러한 맥락 속에서이다. 여기서 우리는 '종교와 폭력/전쟁'의 관계에 대한 주제를 사색하지 않을 수 없는 것이다.

폭력에 대해서 그것을 행사한 사람들을 악으로 규정한 뒤, 그들에 대해서 폭력으로 저항하는 것은 차라리 쉬운 일이다. 그것은 조건반사적 · 즉자적(卽自的) 행동이기에 누구나 할 수 있는 일이고, 인류 역사와 더불어 현재까지도 계속되고 있는 모습이다. 어

16) "nimittāni ca paśyāmi viparītāni, Keśava, na ca śreyo 'nupaśyāmi hatvā svajanam āhave." BG 1:31.

17) "na kāṅkṣe vijayaṁ, Kṛṣṇa, na ca rājyaṁ sukhāni ca, kiṁ no rājyena, Govinda, kiṁ bhogair jīvitena vā?" BG 1:32.

쩌면 복수하고 싶은 생각은 인간의 본능에 속하는 일인지도 모른다. 그러나 비폭력은 자기가 폭력의 대상이 되고 있음에도 불구하고, 비록 자기가 죽더라도 결코 폭력을 행사하지 않겠다는 점에서 조건반사적 · 즉자적 반응을 넘어서게 된다. 조건반사적 · 즉자적 반응을 보이는 것이 인간의 일반적 모습이라고 본다면, 자신에게 가해지는 폭력을 대자화(對自化)하여 그러한 한계를 뛰어넘는 아힘사(ahiṁsā)/비폭력이야말로 인간을 초월/부정하고 부처/성자로 올라서는 계기가 되리라 본다. 그러기 위해서는 무엇보다도 내게 폭력을 가해오는 적마저 나와 하나라고 인식하고 사랑할 수 있는 동체대비(同體大悲)의 마음을 갖는 것이 긴요하다. 그리고 그 동체대비는 나에게 폭력을 가해오는 적에 대해서마저 일체의 분노를 버리고 그들을 사랑하지 않으면 불가능한 것이다. 자비라야 무적(無敵)일 수 있는 것이다.

비폭력을 그의 자기 철학으로 제시했을 뿐만 아니라 그것을 영국 제국주의에 대해서 실천/실험해봄으로써 현실화했던 것은 마하트마 간디(Mahatma Gandhi, 1869~1948)였다. 그는 전쟁 서사시 『마하바라타』의 한 부분이었던 『기타』를 비폭력의 성전으로 해석함으로써 그의 비폭력 운동에 이념적 지원을 얻고자 시도하였다. 그러기 위해서는 『기타』를 비폭력적 차원에서 해석할 필요가 있었다. 그러나 『기타』는 '정의의 전쟁'론을 전개하고 있다는 점에서 그의 해석학적 상상력이 저자의 의도에 부합하고 있음을 논증하는 데 고역(苦役)을 치르고 있는 것이다. 그것은 바로 그가 아르주나가 아니라 크리쉬나에게서 비폭력의 이념을 찾고 있기 때문이다. 내가 그의 비폭력 사상에는 동의하면서도, 『기타』를 비폭력으로 해석하는 데에는 동의하지 않는 이유이다.[18] 오히려 나는 그러한 비폭력 지향을 크리쉬나의 설득 논리에서 찾지 않고 아르주나의 회의에서 읽어낸 바 있다. 아르주나에 의해서 토로된, 다음과 같은 『기타』의 게송이야말로 비폭력의 이념을 가장 분명하게 담고 있는 것으로 판단되기 때문이다.

또한 저들이 (나를) 죽이려 하더라도

나는 저들을 죽이고 싶지 않소.

마두수다나여! 삼계의 지배권을 위해서도 또한 [저들을 죽이지 않을 터인데]

어찌 이제 땅을 얻고자 해서 [저들을 죽이고자 하겠소.][19]

만약 무기를 손에 든 드르타라쉬트라의 아들들이

전쟁터에서 저항도 하지 않고

무장도 하지 않은 나를 죽인다면,

그것이 나에게는 더 행복할 것이오.[20]

비폭력의 화신 간디가 역설한 아힘사 사상의 정수가 여기에 그대로 들어있다. 비교를 위하여 우리는 간디가 진리실천운동

---

18) 김호성 2000a, pp.89~90. 참조.

19) "etān na hantum icchāmi ghnato 'pi, Madhusūdhana, api trailokya-rājyasya hetoḥ, kiṁ nu mahī-kṛte." BG 1:35.

20) "yadi mām apratikāram aśastraṁ śastra-pāṇayaḥ, Dhāratarāṣṭrā raṇe hanyus, tan me kṣemataram bhavet." BG 1:46.

(satyāgraha)에 동참한 진리실천자(satyagrahī)에게 제시한 다음과 같은 세 가지 도덕기준(淸規)을 살펴보기로 하자.

> ① 진리실천자들은 마침내 미움/증오는 에너지의 낭비이므로 적에 대하여 마음 속에 미움/증오를 품어서는 아니 된다.
> ② 진리실천운동이 시작된 그 이슈는 참되고도 실질적인 것이어야 한다. 즉 그 원인이 언제나 합리적이고 정당해야 한다.
> ③ 진리실천자들은 모든 종류의 굴욕, 박해 그리고 고통들을 겪을 준비가 되어 있어야 한다. 마침내는 그의 삶마저 내려놓을 준비가 되어 있어야 한다. 그러므로 진리실천운동은 마음 속에 용기있는 자에 의해서만 실행될 수 있다.[21)]

이 중에 ①과 ③만으로도 나는 아힘사 사상이 무엇인가에 대한 해답을 얻을 수 있다고 본다. 그리고 나는 삼단논법에 따라서 다음과 같은 「아힘사의 공식」을 만들 수 있었다.

> 적들은 나에게 폭력을 가해온다.
> 그러나 나는 적들에 대해서 미움과 증오를 품지 않는다.
> 그러므로 나는 적들에게 보복하지 않는다.

이러한 간디의 「아힘사의 공식」과 『기타』에서 설해진 아르주나

21) S.P.Agarwal 1997, p.212. 재인용. 이는 진리실천운동을 하나의 결사운동으로 봤을 때, 그 윤리적 강령인 청규(淸規)라고 할 수 있다.

의 논리는 완전히 동일하다고 생각한다. 아르주나가 회의한 까닭은 그를 죽이려는 적들에 대해서 미움 · 증오 · 분노를 가졌기 때문이 아니라, 미워할 수 없는 적들에 대해서 전쟁터에서 싸워야만 하는 현실을 고뇌하고 회의할 뿐이었기 때문이다. 만약 미움과 증오를 갖고 있었다면, 그는 전쟁터에서 살생을 하는 데 아무런 회의를 갖지 않았을 것이다.

그런데 여기서 놀라운 것은 간디조차 『기타』 1:35의 의미를 나와 같이 읽고 있지 않다는 점이다. 그는 단순히 이 게송에 드러나는 아르주나의 회의의 이유가 "나는 누구와 싸워야 하는가(kairmaya saha yoddhavyam)"라는 문제와 관련되어 있다[22]고 말하고 있을 뿐이다. 그러나 1:35는 비폭력이 그야말로 간디가 말한 것처럼, 단순히 약자의 변명일 수 없음을 명확하게 드러내는 게송이다. "나를 죽이려 하는 저들을 나는 죽이고 싶지 않다"는 실존적 결단의 선언이야말로 바로 아힘사/비폭력의 근본인 것이다. 이렇게 볼 수 있다면, '아르주나의 회의 vs 크리쉬나의 응답'은 바로 '비폭력 지향 vs 폭력의 정당화'로 볼 수가 있다는 점이다.

물론 크리쉬나의 가르침 속에서 직접적으로 비폭력/불살생을 의미하는 아힘사가 하나의 덕목[23]으로 제시되어 있음을 외면할 수는 없다. 그러나 그러한 개인윤리적 차원의 덕목으로서 제시된 아힘사의 존재가 사회윤리적 차원에서 전쟁에의 참전을 권장하는 크리쉬나의 입장에 대한 우리의 평가를 변경시키지는 못한다. 그

22) M.K.Gandhi 1998, pp.18~19. 참조.
23) BG 10:5, 13:7, 16:2, 17:14.

러한 크리쉬나의 설득 논리는 『기타』 전체에 걸쳐 있다. 다시 말하면, 『기타』라는 텍스트는 "싸워라"라는 이야기를 하려는 책이라고 성격 규정할 수 있다. 비록 크리쉬나에 의해서 장황하게 철학적 담론이 행해지더라도, 그 궁극적 귀일처(歸一處)는 회의하지 말고 "싸워라"이다. 바로 간디 이전 시대에 인도 독립운동을 이끈 지도자였던 틸락(Bal Gangadhar Tilak, 1856~1920)은 행위의 길을 중심으로 해석한 『기타 라하스야(*Gita Rahasya*)』에서 『기타』의 '시작 → 중간/반복 → 맺음'을 주목함으로써, 철저하게 "싸울 것이냐, 말 것이냐"라는 아르주나의 회의에 대해서 "싸워라"라는 응답을 제시하기 위해서 쓰여진 텍스트가 『기타』라고 이해하고 있다.[24] 나는 이러한 틸락의 관점에 기본적으로 동의한다. 틸락만이 아니라 S.Anand는 1:1송이 『기타』 전체의 주제를 암시하는 대강령(大綱領)이라고 말하는데, 그의 관점에 따르면 『기타』는 다르마의 실천이 주제가 된다.[25] 그리고 다르마의 유지/복원을 위한 싸움이라는 의미를 띠게 된다. 그렇게 크리쉬나에 의해서 아르주나를 설득하기 위해서 제시되는 논리 중의 하나로서 '정의의 전쟁'론이 놓여있는 것이다.

24) B.G.Tilak 2000, pp.30~38. ; 김호성 2015a, pp.57~63. 참조.
25) S.Anand 1985, pp.175~178. 참조.

2. '정의의 전쟁'론과 카르마 요가

『기타』에서 '정의의 전쟁'론은 2:31~37 사이에서 설해지는 '자신의 의무 준수'라는 맥락에서 등장함은 앞서 언급한 바 있다. 아르주나가 크샤트리아 계급이므로 그러한 계급의 의무를 준수하기 위해서는 참전해야 한다는 것이다. 이제, 여기서는 보다 분명하게 '정의의 전쟁'이라는 개념이 출현하는 『기타』 2:31과 2:33을 차례로 읽어보기로 하자.

> 또한 자기 계급의 의무를 고려하고 나서는
> 흔들릴 수 없을 것이오.
> 실로 정의의 전쟁보다 더 뛰어난 다른 것이
> 크샤트리아에게는 알려져 있지 않기 때문이오.[26)]

> 그러나 만약 그대가
> 이러한 정의의 전쟁을 하지 않는다면
> 그때는 자기 계급의 의무와 명예를 저버리고서
> 악을 취하게 될 것이오.[27)]

---

26) "svadharmam api c'āvekṣya na vikampitum arhasi, dharmyād dhi yuddhāc chreyo 'nyat kṣatriyasya na vidyate." BG 2:31.

27) "atha cet tvam imaṁ dharmyam saṁgrāmaṁ na kariṣyasi, tataḥ svadharmaṁ kīrtiṁ ca hitvā pāpam avāpsyasi." BG 2:33.

먼저 우리가 검토해 보아야 할 것은 dharmya yuddha와 dharmya saṁgrāma에서 형용사 dharmya를 '정의로운'의 의미로 이해해도 좋은가 하는 점이다. dharma에 대한 사전적 정의는 매우 다양한데, 그 의미에는 '의무', '정의', '법률' 등이 모두 포함되어 있으므로 dharmya yuddha와 dharmya saṅgrāma를 '정의의 전쟁'으로 이해해도 좋으리라 본다.[28] 실제로 여러 선학(先學)들의 번역 용례를 살펴보았을 때 다음과 같은 표로 정리할 수 있었다.[29]

표 6 : 'dharmya'의 번역 용례

	Radhakrishnan	Zaehner	Kuppuswami	Sargeant
2:31	의무에 의한	법률에 의한	정의로은	정의로운
2:33	정당한	의무에 의한	정의로운	적절한

Zaehner는 dharmya가 '적절한(just)'이나 '정의로운(righteous)'으로 옮길 수도 있다[30]고 말하고 있으므로, 실제 사례로 살펴본 4인의 학자들은 모두 '정의로운'의 의미로 이해하고 있음을 알 수 있다. 우리가 '정의의 전쟁'이라 옮기는 것에는 아무런 문제가 없는 것이다.

다음, 이들 게송에 나타난 의미를 이해해 보아야 한다. 어떤 전쟁이 '정의의 전쟁'인가? K.N.Upadhyaya는 첫째는 무모한 침략이

28) S.M.Williams 1960, p.513. ; 鈴木學術財團 1987, p.631.
29) S.Radhakrishnan 1976, pp. 112~113, ; R.C.Zaehner 1976, p.137. ; A.Kuppuswami 1983, pp.35~36. ; W.Sargeant 1984, p.31.
30) R.C.Zaehner 1976, p.137.

아니라 악을 행한 자에 대한 저항을 목적으로 하며, 둘째는 그것이 분노나 복수, 증오, 탐욕과 같은 감정에 의해서가 아니라 순수한 의무감과 무집착에 의해서 행해지고, 셋째는 그 전쟁이 일상 법칙이 아닌 예외적일 때 '정의의 전쟁'이라 말하고 있다.[31]

여기서 나는 이들 세 가지 이유 모두에 대해서 견해를 달리한다. 그러한 논리를 이해하지 못해서가 아니라 그러한 논리의 보편적 정당성 여부를 따지고 있는 것이다. 우선 둘째의 경우는 실제로는 불가능하다고 본다. 『기타』에서도 그러한 입장이 카르마 요가 즉, 무집착의 행위로서 이론적으로는 설해져 있으나 실제로 전쟁을 일으키는 지도자에게는 볼 수 없는 태도이다. 왜냐하면, 전쟁에 참여한 지도자가 승리를 목적으로 하는 이상 거기에는 이미 집착이 있기 때문이다. 아무 것도 구하지 않는 행위가 카르마 요가이기 때문이다. 그러나 그러한 무집착의 전쟁은 실제로 존재하지 않는다. 실제로 존재할 수 없는 전쟁으로써 입론의 근거로 삼을 수는 없다. 셋째에 대해서도 우리는 허구를 지적하지 않을 수 없다. 동서고금을 통하여, 전쟁을 일상 법칙으로서 정해놓았던 나라는 없기 때문이다. 어떤 경우에도 전쟁 당사자는 자신들의 전쟁을 '정의의 전쟁'이라고 말하고 있는 것 아닌가.

이 세 가지 근거 중에서 가장 널리 받아들여질 수 있는 것은 첫째가 아닌가 싶다. 선행하는 악에 대한 저항으로서의 폭력/전쟁은 정당하다는 입장 말이다. 그렇다면 아르주나 앞에 존재하는, 선행하는 악/폭력은 무엇이었던가? 『기타』 그 자체에 명시적으로 나타

31) K.N.Upadhyaya 1969, pp.163~164. 참조.

나 있지는 않지만 카우라바 형제들, 특히 그 장자(長子) 두료다나의 여러 가지 악행이 『마하바라타』에 서술되어 있다. 결국, '정의의 전쟁'론의 공식은 다음과 같은 이단논법(二段論法)으로 간단히 종합될 수 있다.

> 악이 행해진다.
>
> 그러므로 그 악행을 징계하는 행위, 즉 권선징악(勸善懲惡, kaṇṭhaka-śodhana)[32]으로서의 폭력/전쟁은 정의롭다.

너무나 간단하다. 만약 우리가 이러한 논리에 대해서 동의하게 되면 우리 마음, 우리 사회는 닫힌 마음, 닫힌 사회가 되고 말 것이다. 다음과 같은 또 다른 이단논법(二段論法)이 가능해지기 때문이다.

> 악에 대한 징계는 정의이다.
>
> 그러므로 악에 대해서 징계하는 전쟁[=정의의 전쟁]에 참여하지 않는 것은 악이다.

이러한 논리에 따른다면, 아르주나의 회의는 "악을 얻게 되리

---

32) 선과 악을 각기 실체적인 것으로 보고서, 그 양자의 대립에서 선은 악을 징계하고 승리해야 한다는 입장이 갖는 폭력성은 불사선불사악(不思善不思惡)에 의해서만 넘어설 수 있다고 본다. 『육조단경』에서 제시된 "선도 생각하지 말고 악도 생각하지 않는"[대정장 48, p.349b.] 경지야말로 장차 '정의의 전쟁'론을 비판할 수 있는 주요한 논거가 된다.

라"[33]고 말해진다. 여기서 우리는 폭력과 비폭력이 서 있는 입각지를 명백히 볼 수 있게 된다. 그런데 전쟁의 성격에 대한 이러한 규정은 공동체의 모든 구성원들의 합의에 의해서가 아니라 크리쉬나에 의해서 선험적으로 규정된다는 점에서 문제가 있다. 아르주나의 회의라는 것도 기실 전쟁에 대한 기존의 성격 규정에 대한 회의라고 볼 수 있다. 흔히 무사 계급에게는 상명하복(上命下服)만이 요구되는 것처럼, 『기타』에서도 전쟁의 성격에 대한 성찰은 거부된다. 『기타』 2:38을 읽어보자.

> 즐거움과 괴로움, 얻음과 얻지 못함,
> 승리와 패배를 평등히 여기며,
> 그리하여 전쟁을 위하여 준비하라.
> 그러면 그대는 죄악에 이르지 않을 것이다.[34]

여기서는 전쟁의 결과에 대한 불이평등(不二平等)한 태도를 요청하고 있는 것이지만, 이 게송에서 우리는 전쟁의 결과에 대한 성찰만이 아니라 전쟁의 성격에 대한 성찰마저 이미 포기되어 있음을 느끼게 된다. 『기타』 2:48에서는 "성공과 실패를 평등히 여기는 것이 요가라"[35]고 말해진다. 이러한 이야기도 전쟁에의 참전 여

---

33) "pāpam avāpsyasi", BG 2:33. ; A.Kuppuswami 1983, p.35.

34) "sukha-duḥkhe same kṛtvā lābh'ālābhau jayājayau, tato yuddhāya yujyasva : n'aivam pāpam avāpsyasi." BG 2:38. Bhāskara본은 'jayājayau'를 'jay'aj'an'이라 되어 있다.(R.N.Minor 1982, p.57.) 집합명사(samāhara) 병렬복합어(Dvandva)로 본 것 같으나, 복수(jay'aj'ān)가 되어야 할 것이다. R.N.Minor의 교정 잘못인 것 같다. 여기서는 유포본을 따랐다.

35) "siddhy-asiddhyoḥ samo bhutvā, samatvaṁ yoga ucyate." BG 2:48.

부에 대한 해답이라는 그 배경 맥락(context)을 사상(捨象)시킨 채 읽는다면, 아무런 무리가 없는 것으로 판단된다. 불교에서 말하는 중도와도 상통하는 바 있다 할 것이다.[36] 그렇지만 과연 전쟁을 해야 하는가, 또 그러한 전쟁이 어떻게 정당화되는가 하는 문제와 결부해서 이 게송을 다시금 읽게 되면 그 평가는 역전될 수밖에 없는 것이다.

2:38의 전반에서 우리는 이러한 갸냐 요가를 보편적 가치/텍스트[37]로서 받아들일 수 있게 된다. 그러나 후반에서 이러한 부동심(不動心)이 '전쟁을 위한 준비'로서의 의미로 시설되고 있음을 확인하게 된다. 그리고 그 결과 악을 취하지 않고, 선에 머물게 된다는 논리이다. 이로써 우리는 『기타』가 의지하는 세계는 현실계 속의 상대적 차원임을 알게 되는 것이다. 3:30을 읽어보자.

> 나에게 모든 행위를 내버리고서
> 지고의 자아에 대한 생각을 가지고
> 욕망도 갖지 않고 이기심을 떠나서
> 고뇌를 내버린 채 싸워라.[38]

---

36) 『기타』의 카르마 요가를 컨텍스트를 배제하고 읽음으로써 불교의 입장과도 상통하다는 사실을 『금강경』의 무주상(無住相)보시바라밀과 관련지어서 논한 바 있다. 김호성 1992, pp. 134~138. 참조.

37) 『기타』 읽기에 있어서 '인도-힌두교인'이 아니라면 공유할 수 없는 특수성을 '컨텍스트'로 설정하고, '인도-힌두교인'이 아니더라도 공유할 수 있는 보편성을 '텍스트'로 구분하는 방법론/독서법에 대해서는 김호성 2000a, pp.85~86. 참조.

38) "mayi sarvāṇi karmāṇi saṁnyasy'ādhyātma-cetasā, nirāśīr nirmamo bhūtvā yudhyasva vigata-jvaraḥ." BG 3:30.

이 게송은 행위를 실천하라는 카르마 요가를 역설하는 것으로 볼 수 있다. 여기서도 우리는 동일하게 "싸워라"라는 이야기를 듣게 된다. 컨텍스트를 배제한다면 보편적 텍스트로서 수용 가능한 카르마 요가 안에는 폭력/전쟁 그 자체를 정당화하는 논리가 개재되어 있는 것이다. 그런 까닭에 카르마 요가 역시 텍스트로 볼 수만은 없고 컨텍스트가 개재되어 있다는 점을 인식하고, 그러한 점을 배제해 가는 독서법이 필요한 것이다.

3. 폭력/전쟁의 종교적 정당화

『기타』는 "싸워라"라고 말한다. 왜 그렇게 싸워야만 한다고 말하는 것일까? 이미 존재하는 악을 축출하고 정의를 확립하기 위해서이다. 『기타』 4:7~8송은 그런 의미에서 매우 중요한 게송이다.

> 실로 정의의 타락이 있을 때마다
> 오 바라타의 후예여,
> 부정(不正)이 있을 때마다
> 나는 나 자신을 유출(流出)하노라.[39]
>
> 선한 사람들을 구제하기 위하여,
> 악행들의 소멸을 위하여,

39) "yadā yadā hi dharmasya glānir bhavati, Bhārata, abhyutthānam adharmasya tadā 'tmānaṁ sṛjāmy aham." BG 4:7.

또한 정의의 확립을 위하여

나는 모든 유가(yuga)들마다 출현한다.[40]

왜 『기타』에서 비쉬누가 크리쉬나로 화현하는지 이 게송을 통해서 알 수 있게 된다. 악을 소멸하고 선을 구제하기 위해서이다. 정의로운 지상낙원을 건설하기 위해서 출현하는 것이다. 여기서, 나는 이러한 『기타』의 입장을 천년왕국(千年王國)의 사상이라는 맥락에서 검토해 볼 필요를 느낀다. 미쓰이시 젠키치는 천년왕국의 사상을 다음과 같이 정의하고 있다.

> ① 현재의 정치권력이나 정치체제를 악한 것으로 보고, ② 이 세계의 종말을 확신하여, ③ 절대무상의 신의 가호 아래, ④ 이 세상의 악한 자를 모조리 살해하여, ⑤ 이제까지 학대 받아온 자들이 이 지상에서 지복(至福)의 시대(황금으로 빛나는 거대한 도시국가 예루살렘의 시대)의 도래를 맞이한다. 그러므로 이러한 사상과 행동은 정치권력이 있는 곳, 특히 정치체제가 극단적으로 부패하여 전제화하는 등 위기의 시대를 맞이한 곳에서는 반드시 발생하는 보편적인 현상이라고 할 수 있다. 따라서 유대-그리스도교적 전통이라는 틀로 한정하기보다는 더욱 광범위한 사상운동이라고 생각해야 할 것이다.[41]

천년왕국의 사상을 굳이 유대-그리스도교적 전통이라는 틀로

40) "paritrāṇāya sādhūnāṁ vināśāya ca duṣkṛtām, dharma-saṁsthāpanārthāya saṁbhavāmi yuge yuge." BG 4:8.

41) 三石善吉 1993, p.7. 이는 저자가 보내온 「저자의 한국어판 서문」의 말이다.

한정하지 않고, 그것을 하나의 패러다임(paradigm)으로 삼아서 중국의 역사에서도 확인하고자 시도한 미쓰이시 젠키치의 방법론에 나는 공감한다. 따라서 『기타』 4:7~8송의 입장에서 이러한 천년왕국의 사상을 읽어낼 수 있을지를 검토하려는 것이다. 이 문제에 대한 해답을 구하기 위해서, 『기타』 4:7~8송의 논리 구조를 다음과 같이 도표화해 보기로 한다.

표 7 : 『기타』와 천년왕국 사상의 논리구조

	상황	『기타』	천년왕국
전제	adharma	정의의 타락=/→비법의 횡행	1) 악의 존재
반립(反立)	adharma↔dharma	신의 출현→악과의 전쟁→악의 소멸	3)+4), 신의 가호 아래 악을 살해함
결말	dharma	정의의 확립	5) 천년왕국의 도래

미쓰이시 젠키치가 제시한 천년왕국 사상의 내포 중에서 특히 문제가 되는 것은 2)와 4)이다. 우선, 2)의 말세 관념은 힌두교의 유가(yuga)[42]설에서 그 유사한 양상을 볼 수 있다. 다만 차이점은

42) kṛta-yuga 4800년, tretā-yuga 3600년, dvāpara-yuga 2400년, 1200년 도합 12000년이 1주기이다. 이재숙 · 이광수 1999, pp. 67~68. 참조. 또한 네 유가의 특징에 대해서는 같은 책, pp.67~70. 참조. 생성과 소멸에 대해서는 『기타』 9:7~8송에서도 설해지고 있다.

기독교의 종말사관이 선분을 그리는 단일회적(單一回的)임에 반하여, 힌두교의 유가설에 나타난 역사관은 네 가지 유가들마다 시작 → 유지 → 소멸을 반복한다. 나선을 그린다고 볼 수 있다. 따라서 한 유가의 소멸 뒤에 다시 새로운 유가가 시작되는 순환을 그리므로 말세에 대한 종말 의식은 그만큼 강렬하지는 않은 것으로 평가된다. 다음 4)의 존재는 4:7~8송에서 나타나는 것은 아니지만 '정의의 전쟁'론을 설하는 2:31~33송을 함께 고려하면 그 역시 존재한다고 생각할 수 있다. 이렇게 볼 때, 비록 유대-그리스도교 본래의 천년왕국 사상만큼 강렬하지는 않다고 하더라도 『기타』에도 어느 정도는 천년왕국 사상이 존재한다고 볼 수 있을 것이다.

『기타』 4:7~8을 통하여 '정의의 전쟁'이 신의 출현과 결부되어 있음을 확인할 수 있었다. 이제 『기타』(혹은 『마하바라타』)에서의 전쟁은 단순히 세속적 차원의 권력투쟁이 아니게 된다. 그것은 거대한 세계 구제인 셈이다. 이렇게 종교적으로 정당화/성화되고 있는 것이다. 그리고 그렇게 종교적으로 정당화/성화된 폭력/전쟁은 또 다른 폭력/전쟁을 지속적으로 불러일으키고 있는 것이다.

Ⅲ. 불교에 나타난 '호법(護法)'론

1. 대승불교에서 불살생계(不殺生戒)의 강화

인도 종교의 경우 출가수행자 내지 재가수행자들에게는 기본적으로 윤리규범의 엄수로부터 그들의 수행을 출발하게 한다. 요가학파의 팔지(八支) 요가 중에서 금계(禁戒, yama)의 단계가 첫 번째에 자리하고 있는 데에서 그러한 특징을 알 수 있다. 수행의 기본이 되는 윤리규범으로서 가장 폭넓게 받아들여지고 있는 계율은 오계이다. 이 오계에 대해서는 힌두교 · 자이나교, 그리고 불교 모두 이구동성으로 강조하고 있다. 힌두교의 입장은 『찬도갸 우파니샤드*Chandogya Upaniṣad*』[43]에서 볼 수 있는데, 삼자의 비교를 위해서 간략하게 도표화해 보면 다음과 같이 된다.

표 8 : 인도종교의 오계관 비교

불교	힌두교	자이나교
①불살생	①불살생(ahiṁsā)	①불살생(ahiṁsā)
②불투도	②보시(dāna)	②불투도(asteya)

43) "atha yat tapo dānam ārjavam ahiṁsā satyavacanam iti, tā asya dakṣiṇāḥ." CU, Ⅲ.17.4.

③불사음		③범행(brahmacarya)
④불망어	④진실어(satyavacanam), ④정직(ārjava)	④불망어(sūmṛta)
⑤불음주		
	⑤고행(tapas)	
		⑤無所有(aparigraha)

위 도표는 불교의 오계를 기준으로 해서, 그 성격이 같은 것은 괄호 문자로 나타내 본 것이다. 이 도표를 통해서, 우리는 인도의 세 종교가 갖는 기본적 윤리 의식이 매우 유사함을 알 수 있다. 물론 차이점도 없지는 않는데, 다음과 같다.

첫째 『찬도갸 우파니샤드』의 경우에 불교의 불사음에 해당하는 계율은 두지 않고 있다는 점이다. 그렇다고 해서 힌두교에서 불사음이 문제되지 않는 것은 아니다. 『마누법전』에서 "항상 처만으로 만족하라"(3:45)[44]고 말하고 있을 뿐만 아니라, 일체의 성행위를 하지 않는 범행(梵行, brahmacharya)[45] 역시 중요한 덕목으로 간주되기 때문이다.

둘째, 세 종교 사이에 공통되지 않는 덕목을 찾는다면 다섯 번째 계율로서 각기 '불음주-고행-무소유'를 말하고 있다는 점이다. 여기서 우리는 각 종교의 지향성을 엿볼 수 있다.

44) 이재숙 1999. p.131.
45) 예컨대, 간디의 범행에 대해서는 M.K.Gandhi 1927, p.174. 참조.

이렇게 오계의 수지(受持)로부터 수행의 출발을 삼는 전통이 불교만의 것이 아니라는 의미는 그만큼 오계의 보편성이 인정된다는 말이다. 그러므로 그러한 의미를 갖는 오계를 『대승열반경』에서 "지키지 않아도 된다, 닦지 않아도 된다"고 말하는 것은 중대한 문제가 아닐 수 없다. 그런데 『대승열반경』에서 불수오계(不守五戒)[46] · 불수오계(不修五戒)를 말하더라도 실제로 문제시되는 것은 호법을 위해서는 파계 비구들과 싸움/전투를 해도 좋다고 하는 것이므로 오계 중에서 불살생계와만 관련된다는 점이다. 즉 우리의 관심은 이제 오계 전체라기보다는 불살생계 하나로 좁혀지는 것이다. 왜 『대승열반경』에서는 뿌리 깊게 전승되고 있는 불살생계 엄수의 전통을 완화하고 있는 것일까? 그에 대한 논의는 다음 절로 미루기로 하자. 다만 여기서는 초기불교에서부터 재가자들에게 지킬 것이 요구되었던 오계, 특히 불살생계의 수지가 대승불교에 이르러 완화되었던 것으로 보아도 좋은가 하는 점만을 우선 살펴보고자 한다.

이 점을 확인하기 위해서는 불살생계와 밀접한 관련을 맺고 있는 불식육(不食肉)의 문제를 살펴보아야 한다.[47] 붓다 당시의 교단에서는 삼정육(三淨肉)이라고 하여 "스스로를 위해 죽이는 것을 보거나 죽이는 소리를 듣거나 그런 의심이 가지 않는 것은 먹어도 좋

---

46) 대정장 12, p.383b. 이하에서 우리말로 '불수오계'라고만 말하더라도, 그 의미에는 '오계를 지키지 않는 것'과 '오계를 닦지 않는다'는 의미를 둘 다 포함한 것으로 읽혀야 할 것이다.

47) 마하트마 간디의 경우 불살생/아힘사의 정립을, 책을 통하여 이룩한 것이 아니라 채식(=불식육)의 실천으로부터 출발하였던 것으로 나는 파악한다. 이는 그의 『자서전』을 통하여 확인할 수 있다.

다"[48]고 했다. 그런데 오히려 대승불교에 이르게 되면 이 식육과 관계되는 계율은 더욱 강화된다. 이제는 삼정육과 같은 예외 조항은 허락받지 못한다. 어떤 고기든지 일체 먹어서는 아니 된다고 말하는 것이다. 고기를 볼 때에는 "자식의 고기와 같이 생각(如子肉想)"[49]해야 하는 것이다. 그 이유는 무엇일까? 식육은 곧 "큰 자비의 종자를 끊기(斷大慈種)"[50] 때문이다. 이러한 흐름은『대승열반경』이외에도『능가경』『범망경』등에서도 확인된다. 자비, 그것이야말로 폭력을 넘어설 수 있는 유일한 덕목이기 때문이다. 그러한 마음가짐을『열반경』은 식육마저 하지 않음으로써 함양토록 강조하고 있는 셈이다. 그럴진대 비록 호법을 위해서라고는 하지만 타자를 때리거나 전투를 하는 등 불살생계를 지키지 않거나 닦지 않아도 된다고 말하는 것은 큰 문제가 아닐 수 없다. 그 이유는 무엇일까? 절을 바꾸어 상론해 본다.

2. 불수오계(不守五戒)의 허용과 그 이유

『대승열반경』이 불살생계의 완화를 내포하는 불수오계를 말하고 있는 점을 우리는 어떻게 이해해야 할 것인가? 이에 대한 해답을 얻기 위해서는 그러한 설을 제시하는『대승열반경』「금강신

48)『남전대장경』4권, p.17. ;『십송률』, 대정장 23, p.190b.;『사분률』, 대정장 22, p.872b.
49)『대반열반경』, 대정장 12:386a.
50) 상동.

품」을 집중적으로 분석해 볼 필요가 있다. 우선 「금강신품」의 내용을 과목 나누기를 통하여 이해해 보면, 「금강신품」은 크게 둘로 나누어 볼 수 있다.

표 9 : 「금강신품」의 과목 나누기

- 결과 부분(爾時世尊~卽是法身) : 여래신 = 금강신
- 원인 부분(迦葉菩薩~見諸色像) : '여래신 = 금강신'의 이유 : 정법의 호지

그러니까 「금강신품」은 여래신이 금강신임을 설함과 아울러 그 이유를 정법 호지의 공덕에서 찾음으로써 정법의 호지를 강조하고 있음을 알 수 있다. 위에서 제시한 결과(果分)와 원인(因分) 중에서 우리의 논의에 직접적인 연관이 있는 것은 인분이다. '원인 부분'의 모두(冒頭) 부분에서 질문자 가섭보살은 앞의 '결과 부분'에서 설해진 "여래신 = 금강신"의 공식에 대하여 그 이유가 무엇인지를 묻는다. 과연 『대승열반경』이 정당한 폭력/전쟁을 용인하는가 하는 문제가 다루어지고 있는 부분 역시 인분이므로, 그에 대한 보다 자세한 과목 나누기가 필요해진다.

표 10 : 「원인 부분」의 과목 나누기

- 제시(迦葉菩薩~得如是名) : 정법 호지 → 금강신 획득
- 비유(善男子, 過去~不可壞身) : 유덕국왕의 호법이야기
- 종합(迦葉菩薩, 復白~見諸色像) : 호법 강조

호법을 위해서는 오계를 지키거나 닦지 않아도 된다는 경증(經證)이 드러나 있는 인분(因分)은 다시 경전의 일반적 설법형식이자 불교논리학의 논법/어법인 제시(法) · 비유(喩) · 종합(合)[51]의 구조를 취하고 있다.

첫째, 제시는 서양 논리의 삼단논법에서 결론 부분에 자리할 내용을 먼저 대강령으로서 제시하는 것이다.

> 선남자여, 정법을 호지하는 자는 오계를 닦지 않더라도 위의를 닦지 않더라도 마땅히 도(刀) · 검(劍) · 활 · 화살 · 창 등을 지니고서 계율을 잘 지키는 청정한 비구를 수호해야 할지니라.[52]

세 가지 역본 모두 그 의미가 다르지 않다. 『대승열반경』은 계율을 잘 지키는 청정한 비구를 수호할 임무를 재가의 선남자들에게 부여하고 있는 것이다. 그리고 그들에게는 불살생계를 포함하는 오계를 닦지 않더라도 지계 비구를 보호하기 위해서, 즉 정법을 지키기 위해서는 마땅히 무기를 들어야 한다는 것이다. 여기서

51) 불교논리학의 오지작법(五支作法)인 '종(宗) · 인 · 유 · 합 · 결'에서 '종 · 유 · 합'만 추려진 것으로 이해할 수 있다. 이때 '종'과 '법(法)'은 동의어이다. 오지에서 삼지(三支)로 축약될 때, 불교논리학 일반에서는 '종 · 인 · 유'가 선택되어 있으나, 불교 경전의 일반적 설법의 형식은 '법(法) · 유 · 합'으로 이루어진다. '인' 대신 '유'가 취해진 것은 그만큼 불교 경전의 문학성이 높음을 말하는 것이기도 하고, '유' 속에 '인'이 포함된 것으로 볼 수도 있다.

52) "善男子, 護持正法者, 不修五戒 ; 不修威儀, 應持刀·劍·弓·箭·鉾·槊, 守護持戒淸淨比丘." 대정장 12, p.383b. ; 대정장 12, p.865b. ; 下田正弘 1993, 앞의 책, p.247. 안계현은 바로 이 구절에 근거해서 "정법을 수호하기 위해서는 칼 등의 무기를 들어도 결코 파계가 아니며, 따라서 이로 인해 초래되는 살생도 범계가 아닌, 불가피한 아니 오히려 지당한 것이라는 해석"을 하였다고 한다. 이자랑 2014, p.17.

우리가 생각해 보아야 할 것은 "율장에 보이는 부파불교의 입장은 무기를 지닌 이와의 동행이나 그에게 법을 설하는 것 자체를 금지했다"[53]는 점이다. 그렇다면 『대승열반경』의 입장은 그것과는 다르다고 보아야 할 것이다.

여기서 "오계를 닦지 않아도 좋은 사람들은 재가의 선남자들이지 출가의 비구에게 해당되는 것은 아니다. 그러므로 재가의 선남자들에게 불수오계가 허용되었다고 해서, 그것만으로 곧 불교에서도 폭력/전쟁의 정당화를 용인했다고 보는 것은 무리가 아닌가"라는 반론이 제기될 수도 있다. 그러나 그것은 그렇지 않다. 『기타』에서도 '정의의 전쟁'에 참전할 의무가 주어진 것은 크샤트리아 계급에게 한정된다. 그런 점에서도 양자 사이에 유사성이 있다 할 것이다. 우리의 문제의식은 군인 · 무사 계급이 참여할 전쟁에 있어서조차 그러한 전쟁을 종교적으로 정당화하는 논리를 문제 삼고 있는 것이다. 군인이 전쟁터에서 총, 칼을 놓고 참전하지 말라는 주장을 하려는 것이 아니다. 다만 그렇게 하더라도 그것은 철저히 세속적인 일일 뿐이지 종교적으로 정당화/성화할 수 있는 일은 아니라는 것이다.[54] 물론 앞서 말한 것처럼, 진정한 아힘사

53) 『마하승기율』의 경우는 예외라고 한다. 이 내용은 율장을 전공한 이자랑 박사의 자문에 의한 것이다.

54) 현실적으로 세계에서 일어나는 전쟁에 대하여 각 종교들이 정당화해 주지 않을 수만 있다면 세계평화 정착에 큰 기여를 하게 될 것이라고 본다. 그렇게 하기 위해서는 각 종교들이 얼마나 국가주의적 · 민족주의적 관점을 넘어설 수 있느냐에 달려 있을 것이다.(이를 한일관계를 예로 들어서 논한 것으로 김호성 2015b 참조) 그러니까, 나에게 폭력을 행사해 오는 적에 대해서 보복을 역설하는 종교/종교지도자는 이미 국가주의적 · 민족주의적 한계 안으로 타락한 것일 뿐 참된 종교인의 자세는 아니라고 나는 생각한다.

는 보복하지 않는 데에 있음은 두말할 나위 없다. 이는 세속에 대한 종교적 대응이다. 따라서 전쟁에서의 살생 역시 그것은 현실적·법적 차원에서 정당화될 수 있을지는 몰라도 종교적 차원에서까지 정당화되는 것은 아니라는 이야기이다. 종교적으로 볼 때에는 그 역시 참회의 대상일 뿐이다. 만약 종교적으로까지 정당화한다면 그때는 참회의 대상이 되는 것은 아니리라. 더군다나 불교의 오계는, 이미 말한 것처럼 재가자라고 해서 불수(不守)·불수(不修)를 해도 좋다고 허용되는 것은 아니다. 즉 출가자만의 규범은 아닌 것이다. 다음의 비유를 살펴보면 이 점은 더욱 분명해진다.

둘째, 여래신이 금강신이 되는 까닭이 정법 호지에 있다는 제시의 논리를 강화하기 위해서, 그러한 사례를 비유로써 제시한다. 이 비유는 분량도 그렇게 많지 않고, 우리의 논의에 주된 자료가 되므로 일단 여기에서 주요 부분만을 번역해 두기로 한다.

> ① 선남자여, 과거 무량무변아승지겁 이전에 이 쿠시나가라 성에 한 부처님께서 출세(出世)하셨으니, 환희증익(歡喜增益, Nandavardhana)이라 이름하는 여래·응공·정변지·명행족·선서·세간해·무상사·조어장부·불세존이셨다. 그때 세계는 넓고 깨끗하며 풍요롭고 안온하였으며, 백성들은 많고 기갈이 없었다. 마치 안락국(Sukhāvatī)의 모든 보살들과 같이 저 부처님 세존은 세상에 머무시기가 무량하셨으나, 중생을 교화하고 나서 세상 속에서 반열반에 드셨다. 이 부처님 열반 이후에 정법이 세상에 머문 것이 무량억년(無量億年)이었으나, 이제 불법이 소멸되기까지는 40년이 남았을 뿐이다.

② 그때 한 지계(持戒) 비구가 있었으니 각덕(覺德, Buddhadatta)이라 이름하셨다. 많은 무리 · 권속들에 둘러싸여서 능히 사자후를 하시고 구부(九部)의 경전을 반포하여 널리 설하셔서, 모든 비구들로 하여금 노비 · 소 · 양, 그리고 비법(非法)의 물건을 소유하지 않도록 하셨다. 그때 많은 파계(破戒) 비구가 이러한 말씀을 듣고서는 모두 나쁜 마음을 일으켜서 칼과 몽둥이를 들고 이 법사를 핍박하였다.

③ 이때 국왕은 이름이 유덕(有德, Bhavadatta)이었는데, 이 일에 대하여 듣고서 법을 보호하기 위하여 곧 정법을 설하는 자의 처소로 가서 이렇게 계를 깨뜨리는 나쁜 비구와 격렬하게 함께 싸워서 법을 설하는 자로 하여금 해를 입지 않도록 하였다. 왕은 이때 도검(刀劍)과 화살, 창에 찔렸으니 온 몸에 겨자씨앗만큼도 온전한 곳이 없었다.

④-1. 그때 각덕이 깊이 왕을 찬탄하였다. "훌륭하고, 훌륭합니다. 왕께서는 이제 진실로 정법을 옹호하는 자이십니다. 마땅히 와야 할 세상에서 무량한 법기(法器)가 되실 것입니다."

④-2. 왕은 이때 법을 듣고 나서 마음으로 크게 환희하였으며, 목숨이 다하고 나서는 아촉불국(Akṣobhaya)에 태어나서 저 부처님의 첫 번째 가는 제자가 되었다. 그 왕은 백성 · 권속 · 전투자 · 수희자(隨喜者), 그리고 보리심에서 물러나지 않는 모든 사람들과 함께 목숨이 다하고서는 아촉불국에 태어나셨다. 각덕비구는 뒤에 또 수명이 다하자 역시 아촉불국에 왕생하여 저 부처님의 성문의 무리 중에서 두 번째 제자가 되었다. 만약 정법이 소멸되고자 할 때에는 응당 이와 같이 수지하고 옹호할지어다. 가섭이여, 그때 왕은 곧 내 몸이며 설법한 비구는 가섭불이다. 가섭이여, 정법을 보호하는 자는 이와 같은 무량한 과보

를 얻으니, 이러한 인연으로써 나는 오늘 갖가지 모습을 얻어서 스스로 장엄하고 법신(法身)・불가괴신(不可壞身)을 성취하였다.[55]

위 번역에서 ①에서 ④까지는 과목 나누기를 위해서 내가 편의상 붙인 것인데, 이를 다시 정리하면 다음과 같이 된다.

표 11 : 「비유」 부분의 과목 나누기

- ① 발단(=배경, 善男子~佛法未滅) : 환희증익여래의 열반
- ② 전개(爾時, 有一~逼是法師) : 정법의 위기
- ③ 절정(是時, 國王~如芥子許) : 유덕국왕의 호법전(護法戰)
- ④ 결말
  - ④-1(爾時, 覺德~無量法器) : 비구의 찬왕(讚王)
  - ④-2(王於是時~不可壞身) : 후일담

이러한 구조를 살펴볼 때 매우 극적으로 전개되고 있음을 알 수 있게 된다. 정법이 도전받는 위기상황에서 그러한 정법을 깨뜨리려는 악의 세력들이 먼저 존재하고, 그들로부터의 폭력을 방어하기 위해서 그들과 전투를 벌인다. 실제로 싸웠음을 알 수 있는 것은 ③의 내용처럼, 유덕국왕 역시 "온몸에 겨자씨만큼도 온전한 곳이 없었다"는 표현을 통해서 분명해진다. 즉 정법 호지라고 하는 정당한 목적을 이루기 위해서는 불살생계를 지키지 않아도 된다고 하는 불수오계의 사례를 명확하게 드러낸 것이다. 그러한 과

55) 대정장 12, p.383c~384a. ; 下田正弘 1993, 앞의 책, pp.248~249. 참조. 담무참 역본과 티벳 역본 사이에 내용적인 차이는 발견되지 않는다.

거세의 공덕으로 유덕국왕은 현세에서 금강불괴(金剛不壞)의 몸을 갖춘 불세존(佛世尊)이 되었다 한다.[56]

여기서 우리는 『대승열반경』 역시 저 『기타』와 마찬가지로 폭력/전쟁의 정당화가 이루어졌던 것이다. 정법의 호지라는 정당한 목적을 위해서는 격렬한 전투라고 하는 정당하지 못한 수단을 사용하는 것을 긍정하고 있기 때문이다.[57] 이를 보다 분명히 하기 위해서, 앞서 서술한 바 있는 『기타』의 입장과 천년왕국 사상과는 어떻게 대비될 수 있는지를 살펴보기로 하자.

표 12 : 힌두교와 불교의 논리 구조 비교

	상황	『기타』	『대승열반경』	천년왕국
전제	adharma	정의의 타락= /→비법의 횡행	②정법의 위기	1)악의 존재
반립(反立)	dharma ↔adharma	신의 출현→ 악과의 전쟁→ 악의 소멸	③유덕국왕의 호법전(護法戰)	3)+4), 신의 가호 아래 악을 살해함
결말	dharma	정의의 확립	③설법자 보호 (④아촉불국 왕생)	5)천년왕국의 도래

56) 애당초 이 글은 김호성 2002d로 발표되었으나, 이하는 편집의 실수(필자 교정을 못 본 필자의 책임도 있다)로 인하여 삭제되었다. 우리말로 번역하고, 수정 보완해서 다시 발표하지 않을 수 없었던 이유이다.

57) 전쟁/전투/폭력의 행사 그 자체가 악이라고 인식하지 못하고, 그러한 수단의 정당성 여부를 목적의 정당성에서 구할 때 결코 폭력/전쟁은 사라지지 않는다고 본다. "목적이 수단을 정당화하지 않는다"는 윤리학의 기본 원칙은 다시금 환기되어야 마땅하다. 또, 하나의 행위가 다른 행위의 수단이 될 때 『기타』에서 말하는 무집착의 행위가 될 수는 없다.

『기타』의 ‘정의의 전쟁’론과 『대승열반경』의 ‘호법’론은 구조적으로 동일함을 알 수 있다.[58] 비록 그 내용상에 있어서는 차이가 있다 할지라도 말이다. 반립에서 『기타』의 경우에는 신이 출현하여 악을 소멸한다고 하지만 실제로는 신(=Kṛṣṇa)의 가르침을 받은 크샤트리아 계급의 아르주나 등이 악의 세력과 전쟁을 하는 것이다. 『대승열반경』의 경우 악/파계 비구를 소멸하고 정법을 호지하는 책임이 재가의 선남자들에게 있으므로, 『기타』와 『대승열반경』 사이에 별다른 차이가 없는 것으로 생각된다. 왜냐하면 『기타』에서 크샤크리아 계급이 다르마 선포의 책임을 맡고 있는 브라만 계급을 수호하고 있는 것처럼, 『대승열반경』에서도 지계 비구를 옹호하는 책임을 재가의 우바새[국왕]가 맡고 있다는 점이 동일하기 때문이다. 또 하나 확인해 보아야 할 것은 종말사관/말법사관이 보이는가 하는 점이다. 미쓰이시 젠키치가 정의한 천년왕국의 사상에서는 2)에서, 또 비록 기독교의 종말사관과 차이가 있지만, 『기타』에서도 유가(yuga)설에서 그와 유사한 사고를 볼 수 있다. 여기 『대승열반경』에서도, 우리는 그와 유사한 말법사관을 확인해 볼 수 있다. 환희증익여래의 열반 이후, 정법이 머무는 시간이 무량(無量)이었으나 이윽고 불법이 소멸하기까지의 시간이 40년밖에 남지 않은 상황이기 때문이다. 그러한 말법시대에 파계 비구가 등장하는 것이다. 그러므로 우리는 불교에서의 말법사관이 기독교적

58) 미쓰이시 젠키치는 천년왕국사상/운동이 비록 기독교를 발원지로 갖지만 보편적으로 나타나고 있다고 말한다. 불교 역시 대승불교에서만 확인되는 것은 아니다. 상좌부불교에서도 천년왕국에 의한 반란은 있었다 한다. 그 자세한 것은 石井米雄 1982, pp.399~433. 참조.

종말사관과 다름을 인정하더라도, 『기타』의 '정의의 전쟁'론, 천년 왕국사상, 그리고 『대승열반경』에서 폭력/전쟁의 정당화 논리가 구조적으로 상통함을 확인케 된다.

셋째, 종합이다. 그런데 이 종합에서 불수오계에 대한 다른 해석이 가능해질 수 있는 구절이 보이므로 자세한 논의가 필요해진다. 문제가 되는 문장의 담무참 역본과 티벳어 역본을 함께 제시하면 차례로 다음과 같다.

> 만약 모든 국왕 · 대신 · 장자 · 우바새 등이 법을 지키기 위한 까닭에 비록 칼이나 몽둥이를 지니더라도 나는 이들이 계를 지니고 있다고 설한다. 비록 칼과 몽둥이를 지니더라도 마땅히 생명을 끊어서는 아니 되니 만약 능히 이처럼 할 수 있다면 곧 가장 훌륭한 지계라고 이름할 수 있을 것이다.[59]

> 우파사카나 거사들, 국왕이나 대신들이 지계의 비구들을 수호하기 위해서 무기를 지니더라도 계(戒)라고 나는 설한다. 그렇더라도 죽이는 짓을 해서는 아니 된다. 방해하기 위해서 무기를 들어야 할 것이고, 그것이 총명한 자의 계이다.[60]

담무참 역본과 티벳어 역본 모두 부파불교의 계율들과는 달리 무기를 지니는 것은 인정하지만 살생을 하는 것은 인정하지 않는

59) "若諸國王 · 大臣 · 長者 · 優婆塞等, 爲護法故, 雖持刀杖, 我說是等, 名爲持戒. 雖持刀杖, 不應斷命, 若能如是, 卽得名爲第一持戒.", 대정장 12, p.384b.

60) 下田正弘 1993, p.250.

다.[61] 티벳어 역본은 무기 소지가 명시적으로 방어임을 말하고 있다. '제시·비유'에서의 입장과 이 '종합'의 입장을 어떻게 회통/조화할 수 있을 것인가?

'종합'의 입장에만 의지한 채, 『대승열반경』의 입장이 무기를 들고 보호하자는 것일 뿐 폭력/전쟁의 허용은 아니라고 주장할 수 있을지 모른다. 그 근거로서 비유는 문학적 알레고리(allegory)로 치부해 버림으로써 그 의미를 약화시키는 방법이 있다. 우리가 여기서 공관(共觀)하고 있는 『기타』와 「금강신품」의 비유 모두 문학적 알레고리의 형식을 취하고 있다는 점에서도 공통되는 부분이다. 간디의 경우 『기타』를 문학적 알레고리로 이해함으로써 『기타』는 결코 폭력/전쟁의 정당화를 하고 있지 않다고 해석한다. 간디는 "『기타』의 전반적 가르침이 폭력이 아니라 비폭력이라"[62]고 주장하는 근거로서 "우리 안에서 덕과 악덕으로 인격화되어 있는 선과 악의 헤아릴 수 없는 힘들 사이의 전쟁이다"[63]라고 말한다. 나는 간디의 비폭력 이념에 대해서는 지지하지만 이러한 『기타』 해석에 대해서는 지지하지 않는다.

과연, 그렇게 문학적 알레고리로 이해한다고 해서 폭력/전쟁을 정당화하는 논리를 배제할 수 있을 것인가? 이에 대해서는 그렇지 않다고 하는 R.A.Berg의 연구가 있다.[64] 나는 R.A.Berg가 제시한

---

61) 법현 역본은 그 상응하는 구절에서 "國王·大臣·野人·居士·旃陀羅等, 不受具戒, 能護諸法, 以爲伴侶. 彼諸人等, 雖不受戒, 護法功德, 果報無量, 勝受戒者."[대정장 12, p.867a.]라고 하여 호법의 공덕이 무량함만을 말하고 있을 뿐, 무기 소지가 방어용이라는 단서는 존재하지 않는다.

62) M.K.Gandhi 1998, p.12. ; M.K.Gandhi 1994, p.319.

63) M.K.Gandhi 1998, p.15. ; M.K.Gandhi 1969, p.95.

64) R.A.Berg 1985~1987, pp.28~34. 참조.

이유에 더하여 의상(義相, 625~702)의 즉허현실(卽虛現實)의 문학론을 그 근거로서 제시하고자 한다. 왜냐하면, 비유라고 하는 문학적 알레고리가 담고 있는 의미는 단순히 허구로 치부될 수는 없다. "허구에 즉(卽)해서/입각해서 실(實)을 드러내는" 장치[65]로서 결코 그 의미가 실에 반할 수 없는 허이기 때문이다.

또 하나의 근거는 '제시 · 비유 · 종합'의 논리 구조 속에서 찾아질 수 있다. 앞서, 「금강신품」이 불교논리학의 '제시 · 비유 · 종합'의 어법/논법을 따르고 있음을 언급한 바 있거니와 불교논리학에서는 '원인(因)'과 '비유(喩)'의 부분이 '제시(宗)'의 정당성을 확증하는 근거로서 중요하게 작용하기 때문이다. 그리고 그것은 결코 '제시'와 다른 함의(含意)를 가질 수 없다.

그렇다면 뒷 문장을 어떻게 이해해야 할 것인가? 뒷 문장에서, "방어를 주지(主旨)로 한 것일 뿐 죽이지 말라는 의미로 이해하는 것은 잘못이 아닌가" 하는 반론이 있을 수도 있다. 그러나 그렇지 않다. 바로 그러한 논리가 '정의의 전쟁'론이다. "가능한 폭력을 행사하지 않는 것은 좋다. 하지만 불가피하게, 자기 방어를 위해서, 더 좋은 목적을 위해서는 폭력/전쟁의 행사(行使)가 허용되는 경우도 있다." 바로 이러한 논리가 '정의의 전쟁'론이기 때문이다. 따라서 '종합'에서 '제일지계(第一持戒)'라고 언급된 부분이 있다고 하더라도 여전히 「금강신품」의 논리는 정법호지라고 하는 정당한 목적을 위해서는 폭력/전쟁을 정당화하고 있다는 판단을 내리게 된다.

---

65) 의상의 즉허현실론에 대해서는 김호성 1998a, pp.153~155. : 김호성 2009a, pp.122~124. 참조.

3. 폭력/전쟁의 정당화와 불성(佛性)사상

위에서 나는 「금강신품」의 호법론에는 폭력/전쟁의 정당화 논리가 담겨 있다고 해석하였다. 왜 종래의 불교학자들은 그러한 문제의식을 갖지 않았던 것일까? 원전의 무거움[66] 때문인지는 몰라도, 합리적으로 설명하려는 경향도 없지 않았다. 예컨대 불교학자 다무라 요시로(田村芳朗)는 이 문제와 관련하여 다음과 같이 말하고 있다.

> 이런 생각(청정한 계율을 깰 수도 있다는 생각—인용자)이 한 걸음 나아가서는 정법 호지를 위해서라면 무력행사도 가하다는 생각을 낳은 것이겠다. 그러나 이것은 무력 사용을 일반적으로 합법화시킨 것인 듯 알아서는 안 될 터이다. 아무리 정법 호지를 위해서라도 그것은 만부득이한 경우, 즉 상대가 무력으로 정법을 말살하려 드는 그런 위기에 한하는 것이며, 더구나 그것이 종교라는 미명 하에 전쟁을 일삼는 것일 수 없음은 말할 나위도 없는 것이겠다. 우리는 여기서 불교가 강조하는 아힘사(不殺生)의 정신을 회상해 볼 필요가 있을 것이며, 앞에서 절복의 이면에는 자비가 깃들어 있다고 지적한 것을 다시금 생각해 보

66) 인도철학이나 불교학은 모두 원전에 대한 해석학이라는 기본적 성격으로 인해서 해석의 자유나 자기 철학의 제시를 제한/억제하는 원전의 무거움을 느끼고 있다. 이러한 무거움을 다소라도 가볍게 하지 않는다면 해석자가 새로운 해석이나 자기 철학을 제시하기 어렵게 된다. 이러한 입장에서 원전의 무거움을 가볍게 할 방법론을 모색한 것은 김호성 2002b, pp.77～106. ; 김호성 2009a, pp.21～59. 참조.

아야 할 것이다. 어떤 경우에라도 불교인이 지녀야 하는 것은 자비의 정신이며, 이크찬티카를 절복하는 경우에도 그를 깨달음으로 이끌고자 하는 자비행이었듯이, 부득이 무력으로 정법을 수호하는 일이 생긴다 해도 그것이 증오감에서 나오는 것이어서는 안 됨이 분명하다.[67]

앞서 서술한 우리의 논리를 숙지하고 난 뒤라면 이러한 입장은 더 이상 성립할 수 없음을 느낄 수 있을 것이다. 첫째, 무력행사의 합법화가 아니라는 관점은 우리의 논의가 1차적 · 공격적 폭력을 문제삼는 것이 아니라 2차적 · 방어적 폭력을 문제 삼고 있으므로 타당한 관점이 되지 못한다. 둘째, 증오감이 없어야 한다는 점은 K.N.Upadhyaya의 '정의의 전쟁' 개념에 완전히 부합하는 것이지만, 그러한 관점 역시 증오감 없는 전쟁은 현실적으로 존재하지 않고 설령 증오감이 없다고 해서 살생이 정당화되는 것도 아니라는 지적 앞에서는 무력해질 수밖에 없는 것이다. 또 다무라 요시로는 "현실의 특수성에 대한 인식, 앞에서 강조한 차별상의 투철한 파악"[68]을 강조하지만 그 역시 문제가 있다. 그렇게 불교가 그 나라의 현실적 · 특수적 이해관계에 입각해서 전쟁마저 현실로서 인정하고 이해하게 될 때 더 이상 불교는 평화의 가르침으로서 기능하지 못할 것이라[69]는 점에서 비판받을 수밖에 없다. 불교는 국

67) 田村芳朗 1993, pp.234~235. 참조.

68) 위의 책, p.235.

69) 일본 제국주의가 침략을 확대해갈 때 일본불교가 앞장서서 전쟁에 협력한 것도 이러한 한계를 내보인 좋은 사례일 것이다. 그 대표적 존재가 일련주의(日蓮主義)를 제창한 국주회(國柱會)인데, "국주회의 다나카 치카쿠(田中智學)가 제창한 일련주의는 근대 천황제 일본의 외국침략의 사상적 배경"[松尾剛次 2005, p.184.]으로서 기능했던 것이다.

가주의적 · 민족주의적 관점을 넘어서는[70] 세계주의적 · 보편적 평화의 메시지를 담고 있기 때문이다.

『대승열반경』「금강신품」의 호법론을 이렇게 해석하는 나의 관점은 또 하나의 문제에 봉착하게 된다. 『대승열반경』의 주된 사상이 불성(佛性)사상인데, 그것과 「금강신품」에 나타난 정법의 호지를 위한 폭력/전쟁의 허용 입장은 서로 모순될 수 있기 때문이다. 만약 "모든 중생은 다 불성을 갖고 있다"[71]고 한다면, 모든 중생이 다 부처가 될 수 있는 가능성을 소유하고 있다는 이야기가 된다. 그럴진대 지금 비록 악에 의해서 마음이 지배되어서 폭력을 행사한다고 하더라도 그 현실적 악은 공한 것이며 실체가 아닌 것으로 보아야 한다. 영원히 악한 존재가 아니므로 선으로 옮길 수 있는 가능성이 있기 때문이다. 그럼에도 불구하고 그의 폭력에 대해서 똑같이 폭력으로밖에 대응하지 못하는 것은 적이 갖고 있는 불성을 내가 파괴하는 것일 수 있다. 그의 폭력이 악이라면 그러한 악을 우리 역시 범할 수는 없기 때문이다.

이러한 나의 관점에 대해서 예상 가능한 반론은 『대승열반경』 성립사의 배경을 고려해 보고자 하는 것일 수 있다. 『대승열반경』 성립 당시에 대승의 가르침에 반대하는 세력들이 존재하고, 그들 세력에 대한 경계로서 그러한 호법의 논리를 담게 되었다는 입장 말이다. 물론, 이러한 배경은 수긍할 수 있다. 『대승열반경』 성립 당시의 교단사를 염두에 둘 때 충분히 가능성이 있는 이야기이

70) 불교가 국가주의나 민족주의를 넘어서는 것은 바로 붓다의 출가 정신의 구현임을 논한 바 있다. 김호성 2015b 참조.

71) "一切衆生, 悉有佛性." 대정장 12, p.419a.

기 때문이다. 정법을 비방하고, 정법을 설하는 법사를 핍박하는 세력들-파계 비구의 존재-이 있었을 것이다. 그러한 컨텍스트가 충실히 반영된 결과 「금강신품」의 호법론과 같은 교설이 성립되었다고 볼 수 있다. 그렇지만 전쟁과 폭력이 미만하고 있는 현실세계의 컨텍스트에 입각해서 볼 때, 이제 「금강신품」 성립 당시에 반영된 컨텍스트는 배제/극복될 필요가 있다[72]고 본다. 더욱이 「금강신품」에서 설하는 바, 파계 비구는 일천제로 보아도 틀림이 없다.

모치즈키 료코(望月良晃)는 『대승열반경』에서의 일천제는 바로 '이양(利養)을 탐착하는 자'[73]라고 정의하고 있다. 그러한 정의는 「금강신품」에서 말하는 바 노비 · 소 · 양, 그리고 비법의 물건[74]을 소유하지 못하도록 금하는 법문을 듣고서 악심을 일으킨 파계 비구에게도 그대로 해당되기 때문이다. 그들 역시 일천제라고 파악해도 전혀 무리가 없을 것이다. 그렇게 되면 이제 「금강신품」의 호법론은 일천제를 상대로 설해진 것이라 보아도 좋을 것이다. 그러므로 「금강신품」은 일천제에 대한 대응 양식에 있어서 정당한 폭력을 허용하고 있음에 다름 아닌 것이다. 상대가 일천제라고 해서 그에 대한 폭력이 과연 정당화되는 것일까? 그렇지는 않을 것이다. 악에 대한 대응 양식이 언제나 폭력일 수밖에 없다는 것은 이미 그 자체가 악으로 전화(轉化)된 것으로 보아야 한다.[75] 여기서 더욱 문

72) 이러한 독서법은 오늘의 컨텍스트에 입각하여 불교 경전을 새롭게 쓰는 작업이라는 의미도 있을 것이다.

73) 望月良晃 1988, p.13.

74) 티벳 역본에서는 "사용인 · 여자 사용인 · 소 · 물소 등의 나쁜 물건"[下田正弘 1993, p.249.]이라 말하고 있다.

75) 설법을 하기 위해서 다른 나라에 가서 그 나라 사람으로부터 폭력과 위해를 입더라도 원망하지 않고 죽겠다는 설법제일 부루나 존자의 순교와 가리왕(歌利王)

제가 되는 것은 일천제에 대응하는 그러한 논리가 『대승열반경』의 전체적 입장과 모순되는 것은 아닌가 하는 점이다.

분명한 것은 정법의 호지를 위해서 정당한 폭력을 허용하고 있는 「금강신품」에서는 아직 일천제성불의 입장은 나타나지 않는다고 하는 점이다. 오히려 「금강신품」과 같이 동일하게 분단(分段)되는 「여래성품(如來性品)」[76]에서는 "사중금(四重禁) · 오무간죄(五無間罪)와 같은 발심하지 않은 자들도 모두 발심케 했으나 오직 일천제만은 예외"[77]라고 말한다. 이를 통해서 보면 『대승열반경』 안에는 일천제불성불론 역시 존재하고 있음을 알 수 있다. 일천제성불의 논리는 "일천제는 비록 선근이 끊어졌으나 불성의 힘이 있기 때문에, 미래에 선근이 다시 생장할 수 있다"[78]는 것이다. 요컨대, 일천제는 성불할 수 없다는 주장과 성불할 수 있다는 주장이 동일한 경전 속에서 함께 설해져 있는 것이다. 이 두 입장의 모순을 어떻게 회통/해결할 수 있을까?

두 가지 방법이 가능하리라 본다. 우선은 성립사적 방법이다. 「금강신품」은 『대승열반경』의 성립사에서 제1류[79] 내지 제1단에

으로부터 신체가 절단되었으나 화를 내거나 원망하지 않았다는 『금강경』의 이야기[須菩提, 如我昔爲歌利王割截身體, 我於爾時, 無我相 ; 無人相 ; 無衆生相 ; 無壽者相. 何以故? 我於往昔節節支解時, 若有我相 · 人相 · 衆生相 · 壽者相, 應生瞋恨. 대정장 8, p.750b.]는 악/폭력에 대한 불교의 비폭력적 입장을 잘 나타내 보이는 두 사례이다. 이 『금강경』의 구절에 대한 분석은 김호성 2002c, pp.72~73. 참조.

76) 常盤大定은 『佛性の硏究』에서 수명, 금강신, 명자공덕, 여래성, 대중소문, 현병(現病)의 6품을 제일단(第一段)으로 분과(分科)하고 있다. 望月良晃 1988, p.4. 재인용.

77) "未發心者, 謂犯四禁.五無間罪, 悉能令發菩提之心, 唯除生盲一闡提輩." 대정장 12, p419c.

78) "涅槃經一闡提人, 雖斷善根, 由佛性故, 未來善根, 還得生長." 『화엄경탐현기』, 대정장 35, p.434a.

79) 下田正弘은 담무참 역본의 「수명품」 · 「금강신품」 · 「名字공덕품」을 제1류로 보

속하는 것으로 판단된다. 그렇다면 당시의 컨텍스트를 반영하여 처음에는 불성불의 입장이 개진되었으나 후대에 이르러 이를 극복하고 성불론의 입장이 제시/부가되었다고 이해하는 방법이다. 또 하나의 방법은 해석학적 방법으로 불요의경과 요의경을 구별한 뒤, 요의경에 의지하고 불요의경에 의존하지 않는 것이다.[80] 일천제불성불론이 불요의경이며 일천제성불론은 요의경이라 할 수 있는데,[81] 그 당연한 논리로 일천제에 대한 정당한 폭력의 행사를 설하는 부분은 불요의가 되고 일천제에 대해서까지 비폭력으로 대응하라는 부분은 요의경이 된다. 즉 「금강신품」에 나타난 바, 정법의 호지를 위해서 폭력의 행사를 정당화하는 논리/윤리는 불요의가 된다 할 것이다. 성립사적 관점까지 고려한다면 후대의 일천제성불론이 전대의 일천제불성불론에 대한 하나의 교정(校訂)으로서 부가되었던 것으로 생각해도 좋을 것이다.[82]

고 있다. 下田正弘 1993, p. xxxi. 참조.

80) 요의경과 불요의경을 판정하여 요의경에 의지하고 불요의경에 의존하지 않는 해석학적 방법에 의한 연구의 사례로서 김호성 2000b, pp.31~60. 참조.

81) 전자의 경우 컨텍스트의 영향을 더욱 많이 받은 만큼 보편성이 더 떨어지고, 그 만큼 불요의가 될 수 있다.

82) 『대승열반경』 「금강신품」의 이러한 가르침은 원래 교단사적 배경 속에서 설해졌다. 따라서 그에 대해서 불요의경으로 판정하는 나의 입장은 불교 교단 내의 문제를 해결함에 있어서도, 비록 그 목적이 선이라 하더라도 그 수단은 폭력적이어서는 아니 된다고 보는 입장이다.(현대 한국불교에서 종종 보게 되었던 승려대회를 통한 폭력의 행사와 그로 인한 종단 권력의 획득이라는 악순환은 이러한 점에서 문제가 있는 것으로 생각된다.) 또 여기서 주의할 것은 「금강신품」에서 말하는 '여래신=금강신'이라는 가르침까지 불요의라고 말하는 것은 아니다. 그것은 명백한 요의경이다.

IV. 평화, 종교와 폭력의 결별

테러와 전쟁, 보복과 보복의 악순환 속에서 세계의 대다수 선량한 사람들은 누구 편인가? 우리는 누구 편인가? 테러리스트들 편인가, 아니면 미국 편인가? 이라크 편인가, 아니면 미국 편인가? 미국의 부시 대통령은 테러와의 전쟁을 시작하면서 "미국 편이 아니면 테러리스트들 편이다"라고 말하면서, 온 세계 사람들에게 흑백 사이에서의 선택을 강요하였다. 그것이 전쟁이다. 전쟁은 그렇게 흑이냐 백이냐의 양자택일을 강요하는 비인간화의 상황인 것이다. 누구 편에 서야 할 것인지를 현실적 관점에서는 다양하게 분석하고 결정내릴 수 있을는지도 모른다. 또 그런 뒤에는 자기 입장을 강화해주는 논리를 찾고 인용하기에 급급할는지도 모른다. 그런데 왜 우리는 어느 한편에 속해야만 한다고 강요 받는가? 그 어느 쪽도 문제가 있고 아픔이 있는데 말이다. 흑과 백 사이에서의 선택을 강요하는 시대에 나와 같은 관점은 회색으로 보이기 마련이다. 회의주의라고 폄하된다. 그러나 나는 평화/화쟁(和諍)을 위한 공간으로서 회의주의를 재평가하고 의미 부여한 바 있다.[83] 그것은 바로 아르주나의 회의를 평화/화쟁을 위한 의미 있는 회의라고 보기 때문이다.

이렇게 테러와 전쟁의 악순환 속에서 어느 한 쪽에 소속되기를

83) 김호성 2000a, pp.88~92. ; 김호성 2006a, pp.107~119. 참조.

거부한 채, 그러한 악순환이 내포하고 있는 폭력성을 문제 삼으면서 평화를 위한 메시지를 발할 수 있는 사람들은 누구일까? 일단 종교에서 그러한 힘을 찾는 것은 매우 자연스런 일일 터이다. 세계의 고등한 종교들은 구원을 위한 방법론에 있어서는 차이가 있을지언정, 또 그 교리적 설명의 심도에 차이가 있다고 주장할지언정, 모두 사랑 · 인 · 자비와 같은 덕목을 내세우고 있기 때문이다. 사랑 · 인 · 자비와 같은 덕목들이야말로 비폭력의 이념적 기초가 아니겠는가. 그럼에도 불구하고 한편으로 종교가 테러와 전쟁의 악순환 속에 매몰된 채 그러한 폭력/전쟁을 정당화/성화한다는 것은 문제가 아닐 수 없다. 적어도 현실적으로 일어나는 테러와 전쟁 속에서 이러한 종교적 정당화만이라도 배제한다면, 테러는 테러일 뿐이고 전쟁은 전쟁일 뿐이라는 점을 지적해준다면 평화 정착에 한 걸음 더 가까이 가리라고 믿어진다. 그런 점에서 나는 종교 안에 존재하는 폭력/전쟁의 정당화 논리를 비판해야 할 필요성을 느낀 것이다. 더 나아가서 우리 안에, 우리의 마음 속에 존재하는 폭력, 또한 언어로 나타나는 폭력마저 극복해야 한다.

그 한 사례로서 힌두교의 『기타』 안에서 말하는 '정의의 전쟁'과 불교의 『대승열반경』 「금강신품」에서 말해지는 '호법'론 속에 폭력/전쟁을 정당화하는 논리가 존재한다고 판단하였다. 우선 주의해야 할 것은 너무나 당연한 말이지만 『기타』와 『대승열반경』 모두 1차적 · 공격적 폭력/전쟁을 정당화하는 것은 아니라는 점이다. 종래의 논자들은 이렇게 1차적 · 공격적 폭력/전쟁을 합리화하는 것이 아님을 주장함으로써, 종교의 성전 안에 그러한 논리가 존재하고 있어도 아무런 문제가 없는 것으로 인식하고 마는 한계를 보였다. 모두들 정당방위로서 부득이하다고 말하고 있는 것이다.

그러나 내가 보기에는 1차적 · 공격적 폭력/전쟁이 악일 뿐만 아니라, 종교의 이상에 비춰볼 때에는 1차적 · 공격적 폭력/전쟁에 대한 대응으로서 행해지는 2차적 · 방어적 폭력/전쟁 역시 폭력이고 전쟁이라는 점은 마찬가지다. 폭력에 대한 대응 폭력 역시 악이라고 말해야 한다. 세속의 모든 전쟁은 악일 수밖에 없다. 그렇게 말하는 데서 종교는 비폭력/평화를 지향할 수 있는 것이다.

그러한 정당방위로서의 전쟁은 『기타』의 경우에는 힌두교적 다르마의 복원, 정의의 확립을 위해서 행해지는 것으로 정당화/성화되고 있으며, 불교의 경우에는 불교가 내세우는 정법을 설하는 비구를 지키기 위해서 행해지는 것으로 허용되고 있다. 『기타』의 '정의의 전쟁'론은 『기타』 자체에서 개인윤리로서 설해지는 아힘사/비폭력과 분명 모순된다고 볼 수 있으나, 전체적으로 『기타』는 다르마 회복을 위한 권선징악으로서의 정의의 전쟁을 허용하는 것으로 볼 수 있다. 그것은 크샤트리아 계급의 의무(svadharma)로서 설해졌기 때문에 그러는지도 모른다. 그렇다면 『기타』의 윤리적 입장은 군인과 같은 특수 계급에게만 요청될 뿐 보편성을 갖지 못한다고 평가해야 할 것이다.

『대승열반경』의 경우에도 청정한 비구를 수호하기 위해서 선남자들은 오계를 지키지 않아도 좋다고 말한다. 부처님은 전생에 그렇게 정법을 설한 지계 비구를 보호하기 위해서 전쟁을 한 공덕으로 지금은 금강신을 얻었다고 말한다. 이러한 「금강신품」의 입장은 『대승열반경』의 주제/지향점이라 볼 수 있는 불성사상과 명백히 모순된다. 일천제까지 성불한다고 하는 입장에 비추어 보면, 비록 파계 비구들 역시 이양에 탐착하는 일천제라고 볼 수 있다 하더라도 그들을 폭력을 통해서 축출하려는 태도는 문제가 아닐 수 없다. 선·악에 절대적 실체가 있을 수 없다고 하는 공(空)사상에 비추어 보면 더욱 그렇다. 『대승열반경』 내에 존재하는 모순을 해결하기 위하여 나는 일천제불성불과 일천제에 대한 폭력의 허용을 불요의경으로 판정하고 일천제성불론과 그 안에 내포되어 있는 일천제마저 인욕으로 교화해 가라는 가르침을 요의경으로 판정하는 해석학적 방법론에 의지하였다. 그럼으로써 우리가 의지해 가야 할 바는 폭력에 대해서조차 비폭력의 태도를 견지하는 것임을 밝혀보았다. 「금강신품」의 가르침을 정당하다고 평가하면 일천제까지도 성불한다는 불교의 생명관과 불살생계를 강조하는 불교의 윤리관은 빛바래지게 된다. 이들 두 입장을 조화시키려는 논리의 하나가 바로 '정의의 전쟁'론이었다.

그러나 나는 앞에서 논술한 이유에서 '정의의 전쟁'론은 잘못이라고 본다. '정의의 전쟁'론은 결코 정의롭지 않다. '정의의 전쟁'론을 잘못이라고 지적할 수 없다면, 또 그러한 기제(機制)에서 벗어나지 못한다면 우리의 종교는 현실 속에서 평화를 옹호하는 기능을 다할 수 없게 될 것이다.

힌두교와 불교에서의 권력과 탈(脫)권력
–『기타』와『붓다차리타』를 중심으로

이 글은 정치 참여에 대한 불교의 입장을 모색하고, 그 속에 담겨 있는 의미가 무엇인지를 살펴보고자 하였다. 과연 불교는 기독교의 일부 세력들이 정당을 결성하여 선거에 참여한 것과 같은 방식의 정치 참여를 할 수 있을까? 이러한 문제에 답하기 위하여, 힌두교 고전인『기타』와 불전문학(佛傳文學)인『붓다차리타(佛所行讚)』안에서 에피소드를 수집하여, 대비하는 방법을 취하였다. 이들 두 텍스트는 공히 현실 정치에 참여할 것인가, 말 것인가를 화두로 삼고 있기 때문이다.

『기타』의 경우에는 아르주나가 잠깐 회의를 하였으나 결국 그러한 방법은 정당성을 부여받지 못하고 만다. 전쟁을 포함한 현실 정치에 참전한 뒤, 말년에 출가하는 방식을 선택한다. 이는 재가(在家)의 의무를 다한 뒤에 출가한다는 점에서 재가주의라고 부를 수 있는데, 왕법과 해탈법을 함께 행하자는 입장이다. 한편, 싯다르타 태자는 그러한 재가주의적 입장을 권유받았으나 무상(無常)의 각성과 왕법의 본질이 폭력의 행사에 있음을 이유로 출가해 버리고 만다. 출가주의라고 부르는 까닭인데, 불교의 출가주의에는 탈(脫)권력/탈(脫)정치의 의미가 있음을 알 수 있다.

한편, 불교사 안에서 힌두교적 재가주의의 입장을 취한 사례가 전혀 없었던 것은 아니다. 왕법과 불법(=해탈법)을 함께 행하자는 입장인데, 일본불교사에서 그 사례를 찾을 수 있다. 승병(僧兵)이나 침략을 정당화하는 이데올로기 등에서 왕불일체론(王佛一體論)을 확인할 수 있다. 특히 왕법에의 참여가 식민주의를 지지하는 형태를 취하고 있었다는 점에서, 불교의 출가 정신에는 탈(脫)식민주의의 의미까지 내포되어 있음을 알 수 있다.

이 글은 「힌두교와 불교에서의 권력과 탈권력의 문제-바가바드기타와 붓다차리타 경우를 중심으로-」라는 제목으로 제26회 인도철학회 춘계학술대회(2008년 5월 30일, 동아대학교)에서 구두 발표한 것을 수정·보완한 뒤, 제목을 바꾸어서 『인도철학』 제26호(인도철학회, 2009), pp.5～45에 수록하였다. 당시 학술회의에서 논평해 준 권기현 교수에게 감사드린다. 『인도철학』에 게재할 때의 제목은 「두 유형의 출가와 그 정치적 함의」였다. 논지의 변화는 없으나, 전반적으로 윤문을 새롭게 하였으며 각주를 보충하였다.

주제어 : 출가, 재가, 왕법, 해탈법, 권력, 탈권력, 탈식민, 정교 분리, 마하바라타, 붓다차리타.

Ⅰ. 정교일치인가, 정교분리인가

1. 종교와 정당정치의 참여 문제

2008년 4월 9일은 18대 국회의원 선거일이었다. 개표 방송이나 신문 보도에서는 그다지 주목받지 못했지만, 이번 총선에서는 매우 중요한 하나의 '실험'이 행해졌다. 2004년 총선 당시의 '한국기독당'의 출현에 이어서 기독교(=개신교)를 기반으로 한 기독당과 통일교를 기반으로 한 평화통일가정당이 출사표를 던지고, 현실 정치의 문을 두드렸기 때문이다. 다음 표는 중앙선거관리위원회가 집계한 비례대표의 선거 결과이다.[84]

표 13 : 제18대 비례대표 선거 결과

통합민주당	한나라당	자유선진당	민주노동당	창조한국당	친박연대
4,313,645	6,421,727	1,173,463	973,445	651,993	2,258,750
25.17%	37.48%	6.84%	5.68%	3.80%	13.18%

84) 모두 15개 정당이 참여하였으나, 평화통일가정당과 기독당의 득표수와 득표율을 살펴보기 위해서 그들을 포함한 9개 정당의 득표수와 득표율만을 다시 정리한 것이다. 한편, 2007년 대선 당시에도 기독민주당이 결성되었다 한다. 한국 보수교회의 정당정치 참여에 대해서는 김지방 2007, pp.189~222. 참조.

기독당	진보신당	평화통일가정당
443,775	504,466	180,857
2.59%	2.94%	1.05%

다행히도 기독당과 평화통일가정당은 모두 3%의 득표율을 채우지 못했기 때문에 국회 진출이 좌절되고 말았다. 그러나 기독당의 경우에는 2.59%라는 나름대로 상당히 높은 득표율을 올림으로써, 좀 더 노력한다면 19대 총선에서는 3%의 득표율 달성이 가능할 수도 있는 것 아닌가 하는 전망[85]을 낳고 있다.

2004년 총선에서 정당투표제가 도입되면서부터 개신교의 정당 설립이 본격화되었는데, "하나님의 뜻이 이뤄지는 하나님나라를 만들겠다"[86]는 취지에서 이뤄졌던 일이라 한다. 그 동기 여하를 막론하고, 만약 18대 국회에서 기독당이나 평화통일가정당이 국회의원을 탄생시켰다면 어떻게 되었을까? 우리 사회는, 우리 종교계에는 무슨 일이 또 벌어졌을까? 또 불교의 대응책은 무엇일까? "불교도 이러고 있을 수만은 없다"라고 하면서, 대응 차원에서 19대 총선에서는 불교계 정당을 조직하여 총선에 참여해야 한다는 주장이 제기될 것인가? 그러한 주장이 현실화될 것인가? 어디까지나 가상의 이야기이긴 하나, 적어도 불교계 일각에서 불교계 정당의

85) 2012년의 제19대 국회의원 선거에는 종교계 정당으로서 기독당과 불교연합당이 참여하였으나, 단 1명의 비례대표도 당선시키지 못하였다.

86) 김지방 2007, p.211.

창당 필요성에 대한 논의가 공론화될 수도 있을 것으로 나는 생각하고 있다.

서구에서의 근대화나 민주화의 과정은 정교일치의 중세를 넘어서려는 관점에서 교회와 정치의 분리, 즉 정교분리의 길을 밟아왔던 것이다. 이를 세속주의(secularism)라고도 하는데 민주화의 중대한 요소라 할 수 있다. 그런 점을 생각하면, 종교계 정당의 출현이라는 형태로 이루어지는, 종교의 정치 참여는 제3세계의 민주화 과정에서 흔히 볼 수 있었던 종교의 정치 참여와는 명백히 구분되는 사건이 아닐 수 없다. 정교일치의 중세로 돌아가자는 것일까? 그 시절이 그리운 것일까?

만약 기독당이나 평화통일가정당의 원내 진출이 가능해지고, 그에 대한 대응으로서 불교계 역시 정당을 만들어서 '불교의 이름으로' 현실 정치에 참여하고자 하는 논의가 일어난다면, 그때 내걸 수 있는 명분은 무엇일까? 이 글은 바로 이러한 컨텍스트를 염두에 두면서 현실 정치에의 직접 참여를 배제하지 않으면서 '왕법(王法, rājadharma)과 해탈법(解脫法, mokṣadharma)을 함께' 실천하려는 힌두교의 재가주의적 입장과 현실 정치에의 직접 참여를 배제하고서 '오직 해탈법(=불법)만'을 추구했던 불교의 출가주의적 입장을 대비한다. 그럼으로써 '출가'에서 불교의 정치적 입장을 재정립해 보고자 하는 것이다.

2. 연구의 방법

이상과 같은 연구의 목적을 달성하기 위해서, 인도철학사 안에서 왕법과 해탈법의 문제를 함께 행해야 한다고 보는 힌두교의 출가관(出家觀)과 해탈법(=불법)만을 선택해야 한다는 불교의 출가관이 어떻게 서로 대립하고 있는지 살펴보고자 한다. 이를 위하여 가장 적절한 자료를 제공하고 있는 텍스트가 『마하바라타』(특히 「평안의 권*Śāntiparvan*」과 『기타』)와 『붓다차리타*Buddhacarita*』인데, 「평안의 권」을 참조하면서도 내가 종래 주로 관심을 가져왔던 『기타』와 『붓다차리타』에 나타난 출가관을 대비해 봄으로써, 불교적 출가는 어떤 점에서 힌두교적 출가와 다른지 그 정체성을 확립하게 될 것이다.

이를 통해서 『기타』에 나타난 왕법과 해탈법을 함께 닦는 출가관에 비춰볼 때, 『붓다차리타』에 나타난 해탈법만을 닦자는 전수(專修)의 입장에서 설정된 출가관은 정치 참여를 지지하지 않음을 확인해 볼 수 있을 것이다. 결국 불교는 처음부터 근대적 이념인 정교분리, 혹은 세속주의에 입각하고 있었음을 재확인하면서 앞으로도 그러한 입장에서 일탈하지 않아야 함을 말하고자 한다.

그러나 『붓다차리타』에서 확립된 불교의 출가주의적 입장이 불교사 속에 늘 아름답게 지켜져 왔던 것만은 아니다. 불교 안에서도 '왕법과 불법을 함께'라는 입장을 갖고서 현실 정치에 참여했던 사례를 확인해 볼 수 있다. 이는 분명 불교적 출가의 반대 사례(=反例)라고 볼 수 있는데, 그 일례를 일본불교사에서 확인할 수 있다. 일본의 고대에서 근대에 이르기까지 면면히 이어져 오는 이러한 반례에 대한 비판을 통해서 나는 “왕법과 불법을 함께”라는 입장에 설 때, 불교는 어떠한 오류를 범하게 될 것인지 부각시켜 보고자 한다. 그렇게 함으로써 불교의 출가에는 탈(脫)정치 · 탈권력의 의미만이 아니라 탈식민의 의미까지 내포하고 있음을 새삼 확인할 수 있을 것이다.

II. 힌두교적 출가 vs 불교적 출가

1. 『기타』에 나타난 힌두교적 출가

『기타』는 해탈법/해탈도(mokṣadharma)가 주로 설해져 있는 철학적이고도 종교적인 시편으로서 널리 읽히고 있다. 그러한 관점은 일면 타당하다. 그러나 『기타』를 그 배경 서사와 관련지어서 보게 되면 이야기는 좀 달라진다.[87] 크리쉬나에 의해서 설해지는 해탈법/해탈도의 설법은 『마하바라타』의 전쟁이야기를 컨텍스트(context)로 하고 있다. 이러한 흔적이 『기타』의 제1장에 남아있다.

주지하다시피, 『기타』의 제1장은 판다바(Paṇḍava)와 카우라바(Kaurava)의 본격적인 전투를 목전에 두고서, 양편 군대가 서로 마

87) 『기타』의 주제에 대한 이러한 관점의 변화는 샹카라(Śaṅkara, 700~750)나 라마누자(Rāmānuja, 1017~1137) 등의 전통적 해석으로부터 틸락(B.G.Tilak, 1856~1920) 이후의 근대적 해석으로의 변화와 궤를 같이 한다.

주 보고서 전열을 가다듬은 모습을 보여준다. 양편 군대의 주요한 장수들이 누구인지 소개된다. 그런 뒤에 아르주나의 회의가 토로된다. 이것뿐이다. 만약 종래의 수많은 주석가들이 대개 그러하듯이, 『기타』를 해탈법/해탈도를 설하는 텍스트라고 평가한다면, 제1장의 의미는 그리 크지 않게 된다. 무시해 버려도 좋을지 모른다. 그래서 제1장에 대해서 의미있는 주석을 가한 주석가들은 거의 없는 것[88]으로 알고 있다. 그러나 나는 제1장의 심층에는 매우 중요한 의미가 숨겨져 있다고 본다.

그런 까닭에 이미 제1장에 대해서 깊이 천착[89]한 바 있다. 그러나 『마하바라타』에서는 아르주나의 장형(長兄) 유디스티라 역시 회의하고 있었음을 말하였다. 이에 유디스티라의 회의에 비추어서 아르주나의 회의를 다시 재검토해 볼 필요와 욕망을 느끼지 않을 수 없었다. 그래서 다시 제1장의 의미를 재검토해 보기로 한 것이다.

(1) 아르주나의 회의와 그 심층의미

왜 아르주나는 회의하고 있는 것일까? 이렇게 묻는 것은 아르주나의 회의에 대해서 그 표층 의미를 묻는 것에 지나지 않는다. 이는 말 그대로 회의의 이유를 추적해 보면 되고, 그것은 제1장의 문

88) 종래 주석가들로부터 제1장이 주목되지 못한 또 하나의 까닭은, 1장에서 토로되는 아르주나의 회의가 마침내는 크리슈나에 의해서 극복되었기 때문이다. 주석가들은 '망설(妄說)'인 아르주나의 회의에 대해서가 아니라 '정설(正說)'인 크리슈나의 설법을 해석코자 하였기 때문이 아닌가 생각해 볼 수 있다. 『마하바라타』 제12권 평안의 권(śāntiparva)에서도 이 아르주나의 회의와 비슷한 논리가 등장하는데, 나찰(Rakṣasa) 차르와카(Cārvāka)의 것이라 한다.(12.38.22~37. 참조) 악마와 유물론자의 논리로 정죄(定罪)되었던 것이다.

89) 김호성 2006a. 참조.

면(文面)에 그대로 드러나 있다.[90] 그러나 나는 거기서 한 걸음 더 나아가서 아르주나의 회의라는 사건의 표층적 이유만이 아니라 심층적 의미까지를 물어보았다. 즉 심층 의미를 찾아보고자 한 것이다. 그것은 다음과 같이 세 가지로 정리[91]할 수 있었다.

> 첫째, 아르주나의 회의는 아힘사(ahiṁsā)의 이념을 선명하게 보여주고 있다.
> 둘째, 아르주나의 회의는 권력에 대한 집착이 아니라 그 포기를 지향한다.
> 셋째, 아르주나의 회의는 화쟁(和諍)을 향한 출발점이 될 수 있음을 보여준다.

이러한 심층 의미는 표층 의미에서는 결코 드러나지 못했던 이야기를 드러내 주고 있다. 물론, 그것은 아르주나가 의도하지 않았던 것인지도 모른다. 그러나 그렇게 아르주나(혹은 저자)의 의도와는 무관하게 『기타』 제1장—작품—은 그것이 설해지는 컨텍스트 속에서, 적어도 이상과 같은 세 가지 심층 의미를 우리에게 숨겨 놓고 있었던 것으로 파악되었다. 나는 이 세 가지 의미 중에서 첫째 아힘사의 이념에 대해서는 재론[92]해 본 일이 있다. 그것은 9·11테러 이후 아프가니스탄에 대한 미국의 보복 폭격이 이루어졌던 시대적 컨텍스트 속에서, 아르주나의 회의에 나타난 아힘사가 갖고

90) 김호성 2000a, pp.86~88. 참조.
91) 위의 책, pp.88~92. 참조.
92) 김호성 2006a, pp.103~121. 참조.

있는 의미를 불교적으로 읽어내고자 한 것이다.

그럼에도 불구하고 이제 다시 '왕법과 해탈법을 함께'라고 하는 관점에서 아르주나의 회의를 다시 살펴보고자 하는 것은 위에서 정리해서 보인 세 가지 의미 중에서 둘째, "아르주나의 회의는 권력에 대한 집착이 아니라 그 포기를 지향한다"는 점을 좀 더 확대하고 부연해보고 싶어서이다. 권력욕에 대한 경계는 아무리 강조하더라도 지나치지 않는다고 생각하고 있기 때문이다. 내가 권력의 문제를 반복적으로 제기하는 까닭이다. 그러므로 그 해당 부분을 좀 더 상세히 인용해 볼 필요가 있을 것 같다.

> 그의 회의가 권력의 담론과 연결되어질 수 있는 근거는 바로 『기타』의 배경 서사가 왕위의 계승을 둘러싼 전쟁임을 상기할 때 수긍될 수 있으리라. (—) 『마하바라타』는 전쟁에의 참여가 다르마의 구현이라 말하며, 크리쉬나의 논리 역시 마찬가지다. 그런데 나는 그러한 사실을 설법 그대로 받아들이지 않는다. 겉으로 어떻게 포장하더라도, 인간은 권력의 동물임을 믿기 때문이다. (—) 흔히 권력은 수사학을 동원하여 그 속내를 은폐한다. '정의의 전쟁'이라는 명분 역시 그러한 측면을 지닌다. 정의의 구현이라 하지만 실제로는 권력의 구현에 지나지 않는다는 평가가 가능하기 때문이다.[93]

『기타』 1:33[94]에서 말하는 것처럼, 권력이 내세우는 명분과는 달

93) 김호성 2000a, pp.90~91.

94) "우리가 원하는 왕권과 세속에서의 향락과 즐거움들은 그들을 위해서인데, [오히려] 이러한 그들이 [저마다] 생명과 재산을 내버리고서 이 전투에 배치되어 있

리 권력의 속성은 그들/백성을 위한다는 명분을 배반하게 되고 만다. 어느덧 목적을 수단으로 전락시키고 마는 것이다. 그들/백성을 위해서 왕권이 필요해지는데, 왕권을 위해서 그들은 전쟁에서 죽어가야 하는 것이다. 나 역시 아르주나와 같이, 그러한 권력의 이율배반을 직시하고 있다. 그런 점에서 권력의 정당화를 주장하는 논리에 회의하고 있는 것이며, 불교의 입장[95] 역시 권력의 길을 떠나는 데 있는 것으로 생각하고 있다.

⑵ 왕법과 해탈법을 둘러싼 회의와 출가의 문제

겉으로 보기와는 달리, 『기타』 제1장에 나타난 아르주나의 회의는 왕법과 해탈법을 함께 실천하는 겸수(兼修)를 지향할 것인가, 아니면 왕법과 해탈법 중 어느 하나를 선택하여 그것만을 오롯이 행할 것인가 하는 문제와 관련된다. 만약 아르주나의 회의가 단순히 일시적 흔들림으로 그치지 않고서 부전(不戰)으로 관철되었다고 한다면, 왕법을 포기하고 해탈법만을 전수(專修)하는 것이 되기 때문이다. 여기서는 이 문제를 좀 더 자세히 논해 보기로 하자.

1) 유디스티라의 회의에 비춰본 아르주나의 회의

왕법과 해탈법의 겸수냐 전수냐 하는 문제와 관련해서 『기타』 제1장에 나타난 아르주나의 회의를 재조명해 보고자 할 때, 제기

소. yeṣām arthe kāṅkṣitaṁ no rājyaṁ bhogāḥ sukhāni ca, ta ime 'vasthitā yuddhe prāṇāṁs tyaktvā dhanāni ca." BG 1:33.

95) 불교는 권력의 길이 아니라 본래면목의 길을 지향하고 있음은 김호성 2008a, pp.110~117. 참조.

되는 문제가 하나 있다. 만약 아르주나의 회의가 단순히 회의로써 끝나지 않았다면, 즉 크리쉬나의 설법/설득에도 불구하고 설득 당하지 않고서 그대로 참전하지 않았다면 어떻게 되었을까? 이에 대해서 나는 다음과 같이 가정해 본 일이 있다.

> 출가를 했으리라 본다. 그러한 출가는 가주기(家住期)에서의 의무(dharma)를 다하지 않고 임서기(林棲期)를 앞당겨서 감행하는 것이므로 힌두교의 출가가 아니라 불교의 출가가 된다. 이렇게 출가는 아힘사와 동의어(同意語)가 되면서 권력을 넘어서는 무집착의 행위가 된다. 권력에 대한 경계를 불교 안에서의 법문으로 자리매김하고자 하는 내가 그 가능성을 아르주나의 회의에서 찾고 있는 것은 그의 회의가 불교의 출가정신으로 연결될 수 있기 때문이다.[96]

'참전하지 않음 = 가주기 건너 뛰기 = 출가'이며, 그러한 출가는 '가주기 이후의 출가'가 아니라는 점에서 힌두교의 출가가 아니라 불교의 출가로 보았던 것이다.

그런데 나는 이러한 나의 가정이 타당하다는 점을 방증해 줄 또 하나의 사례를 더 찾을 수 있었다. 그것은 『마하바라타』의 주인공 중 판다바의 맏형 유디스티라(Yudhiṣṭhira)도 친족 간에 죽이고 죽은 전쟁의 결과에 대해서 회의[97]를 하고 있다는 사실이다. 이를

96) 김호성 2000a, 앞의 책, pp.91~92. 참조.

97) 아르주나의 회의는 양편 군대의 전투 이전에 행해지는 것이므로 정히 회의라 할 수 있지만, 유디스티라의 회의는 전투 이후에 행하게 되는 회한(悔恨)이라 볼 수 있다. 그러나 그러한 경우에도 역시 전쟁의 정당성에 대한 신념의 흔들림이라는 점에서는 아르주나의 회의와 동일한 성격을 갖는 것으로 보고서 '회의'라 부르

아르주나의 회의와 함께 고찰할 필요가 있는데, 저간의 사정을 간명하게 요약해 주고 있는 것은 도쿠나가 무네오(德永宗雄)이다.

> 그러는 사이(수공양을 마치고 강가 강에서 강 언덕으로 올라와서 유디스티라가 유족들과 함께 머문 1개월 사이―인용자) 유디스티라와 형제들 사이에 심각한 의견 대립이 발생한다. 비참한 전쟁, 특히 카르나의 살해를 후회하며 깊은 슬픔에 빠진 유디스티라는 "이래서는 마치 진 것과 마찬가지다"(12.1.15), "왕권 같은 건 어떻게든 되어버려라"(12.7.5)고 하며, "나는 왕위도 세상도 다 버리고 싶다"고 말한다. 거의 자살 소망에 가까운 출가의 뜻을 표현하지만 이에 대해 형제들은 재가주의의 입장에서 형에게 강한 반론을 편다. 유디스티라에게 있어 재가란 왕이 되어 그 의무를 감당하는 것이므로, 이는 왕법(rājadharma)과 해탈법(mokṣadharma) 중 어느 한 쪽을 선택하느냐 하는 문제가 된다. 형제나 아내 드라우파디는 재산, 식량, 무사도(武士道, kṣatradharma), 형벌, 제사, 바라문에의 보시 등의 중요성을 주장하며 왕으로서의 의무를 다하도록 설득하지만 출가에 대한 유디스티라의 의지는 변하지 않는다. 이에 『마하바라타』의 편자인 비야사(Vyāsa) 선인이 개입하여, 유디스티라가 모름지기 소유국을 통치하고 세속의 생활을 모두 향수한 후에 출가할 것을 예언하지만(12.25.5), 그것만으로는 납득하지 않는다. 그래서 그 직후에 유디스티라에 대한 비야사의 '비애의 제거'(śokāpanodana)가 시작된다.[98]

기로 한다.

98) 德永宗雄 2002, pp.164~165. 참조. '비애의 제거'를 '슬픔의 치유'로 옮겨도 좋으리라.

도쿠나가 무네오가 요약한 개요 속에는 '유디스티라의 회의'에서 그 표층 의미만이 아니라 보다 깊은 심층 의미까지 잘 지적되어 있다. 아르주나의 회의와 유디스티라의 회의가 갖는 심층 의미를 함께 생각[共觀[99]]해 보기로 한다. 다음과 같이 네 가지로 정리할 수 있을 것이다.

첫째, 유디스티라의 회의는 아르주나의 회의와 마찬가지로 전쟁에 대한 비애를 인식한 끝에 나온 것이라는 점이다. 다만, 차이가 있다면 아르주나의 그것은 시간적으로 전쟁을 하기 전에 전쟁의 결과에 대한 예상 속에서 우러나온 것이지만, 유디스티라의 그것은 전쟁 이후의 경험에서 우러나온 것이기에 더욱 핍진(逼眞)했던 것으로 생각된다. 그러니, 그의 회의는 "자살 소망에 가까운" 것이 되었을 것이다. 재미있는 것은 『기타』 제1장에 나타난 아르주나의 회의에서는 크리쉬나가 설득자로 등장하지만 『마하바라타』 제12권의 유디스티라의 회의에서는 아르주나 역시 이제는 설득자의 한 사람으로 등장하여 재가주의나 부(富)의 중요성을 강조한다든지(12.8), 몽둥이/권력을 잡도록 요구한다(12.15)는 점이다.

둘째, 『마하바라타』의 편자인 비야사 선인이 유디스티라에게 설법하는 것을 '비애의 제거'[100]라고 할 수 있다면, 같은 맥락에서 『기

99) 유디스티라의 회의는 마하바라타 제12권 평안의 권(Śāntiparvan)에서 설해지며, 아르주나의 회의가 설해진 『기타』는 마하바라타 제6권 비시마의 권(Bhīṣmaparvan)에 포함되어 있다. 내가 참조한 「평안의 권」은 I.C.Sharma & O.N.Bimal 2004이다.

100) 고대 인도의 법전류에서 규정하는 장례 절차는 '화장 → 수공양 → 강 언덕에서의 설법 → 비애의 제거 → 집으로 돌아감'[德永宗雄 2002, p.167.]으로 되어 있다. 강 언덕에서의 설법을 통한 비애의 제거와 같이, 비애에 젖은 아르주나에게 크리쉬나는 설법함으로써 그의 비애를 제거해 준 것으로 이해할 수 있다.

타』에 나타난 아르주나의 회의(=悲哀)에 대한 크리쉬나의 설법/설득 역시 아르주나에 대한 '비애의 제거'로 볼 수도 있다. 그 중에서도, 보다 세밀하게는 2:10~2:53은 완벽한 '비애의 제거'로 볼 수 있다.[101] 다만 양자 사이는 아르주나에게 행해진 '비애의 제거'가 참전이라는 결과를 가져왔다면, 유디스티라에게 행해진 비애의 제거는 즉위라는 결과를 가져왔다는 점이 다르다.

셋째, 유디스티라는 출가를 원한다고 함으로써, '회의(=비애) → 출가'의 공식을 보여준다. 바로 이 점에서, 종래 아르주나의 회의가 더욱 진행되었다면 출가를 하게 되었을 것이라고 했던 나의 가정[102]에 또 하나의 보강증거가 될 수 있을 것이다. 뿐만 아니라, 뒤에서 살펴보게 될 『붓다차리타』에서 싯다르타의 출가의지를 만류하는 숫도다나(淨飯) 왕의 논리를 함께 생각해 보는 이 글의 방법론 역시 타당함을 보여준다.

넷째, 유디스티라에게 형제와 아내 드라우파디 등이 "재산, 식량, 무사도, 형벌, 제사, 바라문에의 보시 등의 중요성을 주장하며

그래서 아르주나는 임전무퇴의 정신으로 참전케 되었던 것이다.

101) "마하바라타는 (一) 크게 보면 바라타족 내부의 권력투쟁을 주제로 하는 서사시 부분과 고대 인도 법전의 테마나 철학 종교사상에 대해 서술하는 교설 부분으로 나뉜다."[德永宗雄 2002, p.169.] 나는 바로 그러한 점을 마하바라타에 소속된 한 부분인 『기타』에도 적용시켜 볼 수 있을 것으로 생각한다. 즉 『기타』 역시 서사시 부분과 교설 부분으로 크게 나누어 보는 것이다. 아르주나의 회의와 크리쉬나의 설득이 이루어지는 1:1~2:53까지는 서사시 부분으로, 회의를 극복한 자의 행위를 묻는 2:54 이하 부분은 교설 부분으로 평가할 수 있을 것이다. 이렇게 볼 때, 종래 『기타』의 주제론과 관련하여 지혜나 믿음을 중심으로 평가한 주석가들의 견해는 교설 부분에서 그러한 성격을 보았던 것이며, 행위를 중심으로 평가한 주석가들은 서사시 부분을 무시하지 않았음을 알 수 있게 된다.

102) 아르주나의 회의와 유디스티라의 회의가 공히 불교적 출가를 의미하였다는 점에 대해서는 김호성 2006a, p.112. 참조.

왕으로서의 의무를 행해야 한다고 설득"한 것은 왕법과 해탈법의 선택 문제에서 양자 중 하나를 선택하여 그것만을 전적으로 실천하는 하는 것[專修]이 아니라 양자를 함께 행[兼修]하려는 재가주의의 입장을 취하고 있음[103)]을 보여준다. "소유국을 통치하고 세속의 생활을 모두 향수한 후에 출가"하는 것까지를 고려하면, 가주기와 임서기(→유행기)의 순차적 실천을 통해서 왕법/재가와 해탈법/출가를 겸수하려는 입장인 것으로 판단할 수 있다. 그것이 힌두교의 재가주의인 것이다.

2) 아르주나의 회의에 숨겨진 출가주의

이제 앞에서 서술한 '왕법과 해탈법을 함께'라고 하는 맥락에서 아르주나의 회의를 다시 생각해 보기로 하자. 왕법은 크샤트리아 계급인 아르주나가 당연히 수행해야 할 의무(dharma)이다. 그런 점에서 참전은 무사도에 부합하는 행위이다. 이에 대해서, 『마누법전』은 다음과 같이 말하고 있다.

> 왕은 동등한 힘을 가지거나 혹은 더 적은 힘을 가진 자들에게 도전을 받지만, 그 인민을 지키고, 크샤트리아로서의 다르마(의무)를 상기하여 전쟁을 피해서는 안 된다.[104)]

> 이와 같이 정당하고 영원한 병사들의 다르마는 이미 세상에 공표된 것이다. 크샤트리아는 이 다르마에 의거하여 전쟁에서 적을 죽이는 일

103) 특히 『마하바라타』 12권의 11, 12, 14장 등에서 극명하게 나타난다.
104) 이재숙 · 이광수 1999, p.281.

을 기피해서는 안 된다.[105)]

이러한 『마누법전』의 규정을 생각할 때, 『기타』 1:32에서 서술된 아르주나의 다음과 같은 절규는 그 의미가 더욱 무겁게 다가옴을 알 수 있게 된다.

> 나는 승리를 열망하지 않으며, 크리쉬나여.
> 왕권도 즐거움도 [열망하지 않습니다.]
> 우리에게, 고빈다여, 왕권이 무슨 소용이 있으며,
> 세속에서의 향락이나 살아있다는 것이 무슨 소용이 있겠소?[106)]

크샤트리아 계급인 아르주나가 승리(vijaya)를 열망하지 않고, 겸하여 왕권(rājya)도 열망하지 않는다고 고백한 것이다. "삼계의 지배권을 위해서도 또한 [그들을 죽이지 않을 터인데] 어찌 실로 땅을 얻고자 해서 [그들을 죽이고자 하겠는가]"[107)]라고 말한다. 그에게 이 현실세계의 권력(rājya)은 하찮게 보인다. 그러니 이 전쟁에 참여하는 것은 1:45에서 말하는 것처럼, "왕권의 쾌락을 탐하여(rājya-sukha-lobhena) 친족을 죽이고자 하는(hantuṁ svajanam) 엄청난 죄악(mahat pāpa)"이다.

이러한 아르주나의 회의는 크샤트리아 계급에게 부여된 왕법의 부정(否定)이다. 왕법에 수순하지 않겠다는 것이다. 그렇게 된다면,

---

105) 위의 책, p.282.

106) "na kāṅkṣe vijayaṁ kṛṣṇa na ca rājyaṁ sukhāni ca, kiṁ no rājyena govinda kiṁ bhogair jīvitena vā" BG 1:32.

107) "api trailokya-rājyasya hetoḥ kiṁ nu mahīkṛte" BG 1:35.

크샤트리아 계급이 가주기에 행해야 하는 다르마를 행하지 않게 되는 것이며, 가주기를 건너뛰게 되는 것이다. 『마누법전』에서 말하는, 다음과 같은 가주기의 중요성을 정면으로 부정하는 일이 될 것이다.

> 학습기, 가주기, 임주기, 기세기 이 네 가지의 각기 다른 인생기에서 가주기가 으뜸이다.[108)]

> 베다 계시에도 이들 모두 가운데 가주기가 가장 뛰어나다고 하였으니, 그것이 다른 셋의 의지가 되기 때문이다.[109)]

혼인, 출산, 자식 교육, 그리고 조상 제사 등의 의무를 충실히 해야 할 시기에는 그렇게 해야 한다고 보는 입장이, 앞서 도쿠나가 무네오가 '재가주의'[110)]라고 말한 힌두교의 입장 속에 다 포함되어 있는 것이다.

그런데 여기서 좀 더 세밀하게 살펴보아야 할 것은 아르주나의 회의에서도 가주기에 봉사해야 할 '가족'(kula)의 문제를 그 이유로써 제시하고 있다는 점이다. 만약 이 전쟁을 하게 되면, 이는 곧 가문의 법도(法度)를 소멸하게 된다는 것이다. 『기타』 1:40을 읽어

108) 이재숙 · 이광수 1999, p.265.
109) 상동.
110) 힌두교의 경우와 비교함으로써, 우리는 재가주의와 출가주의의 의미를 명확히 규정할 수 있게 된다. 왕법과 해탈법을 겸수하려는 입장이 재가주의며, 해탈법만을 선택하는 입장을 출가주의라고 말할 수 있다. 그렇게 본다면, 힌두교는 재가주의이고 불교(특히, 초기불교)는 출가주의가 된다.

보기로 하자.

> 가족이 멸망하는 곳에서는
> 영원한 가족의 법도들이 소멸하게 되며
> 법도가 소멸하게 되면
> 비법(非法)이 모든 가족을 뒤덮게 됩니다.[111)]

가족조차 서로 죽이는 비극적 상황 속에서는 그것이 가장 큰 비법(adharma)일 터인데, 나머지 다른 비법들이 줄지어 일어나게 됨이야 두말할 나위 없을 것이라는 점은 자명(自明)해 보인다. 여인의 타락으로 인한 종성의 혼란(1:41), 조상 제사의 부실함(1:42) 등이 그것이다. 그래서 계급의 의무(jāti-dharma)와 가족의 의무(kula-dharma)가 사라지게 된다는 것이다. 전자는 왕법의 실천을 의미하고, 후자는 가주기의 삶을 의미하는 것으로 보아도 좋을 것이다. 그래서 아르주나는 말한다.

> 자나르다나여, 가문의 법도(=가족의 의무)가
> 파괴된 사람들의 거주처는
> 틀림없이 지옥에 있다고
> 저희들은 (베다로부터) 끊임없이 들어왔습니다.[112)]

---

111) "kulakṣaye praṇaśyanti kuladharmāḥ sanātanāḥ, dharme naṣṭe kulaṁ kṛtsnam adharmo 'bhibhavatyuta." BG 1:40.

112) "utsannakuladharmāṇāṁ manuṣyāṇāṁ janārdana, narake niyataṁ vāso bhavatī 'ty anuśuśruma." BG 1:44.

그러나 아르주나의 회의가 계급의 의무와 가족의 의무 사이의 회의라는 점에서 그것은 애당초 무사도의 실천이라는 카스트의 윤리와 가주기에의 충실이라는 재가주의의 이념이라는 자기 한계를 스스로 설정하고 있었던 것으로 생각된다. 이런 한계로 인해서 그의 회의는 설득될 수밖에 없었는지도 모른다. 크리쉬나는 불문곡직(不問曲直)하고 참전하는 것이야말로 계급의 의무와 가족의 의무를 둘 다 이행하는 것으로 주장하고 있기 때문이다. 그 역시 '가족'을 중요 무기로 삼고 있는 것이다. 이제 그 구체적인 설득 논리를 들어보기로 하자.

3) 크리쉬나의 설득에 나타난 재가주의

『기타』 제2장에서도, 아르주나의 회의는 계속되고 있다. 2:4~8까지가 그 부분이다. 내용적으로는 제1장에서 서술된 회의의 이유를 반복하고 있는 것으로 판단해도 좋을 것이다. 이에 대한 크리쉬나의 응답은 2:11 이하에서 본격화된다. 나는 아르주나의 회의에 대한 크리쉬나의 설득 논리를 크게 세 가지 측면에서 살펴보고 비판한 일이 있다.[113] 이 중에 첫째는 생명(ātman)은 죽거나 죽일 수 있는 것이 아니므로, 생명의 죽임에 대한 양심의 가책을 느끼지 말고 전쟁에 참여하라는 논리이다. 이는 참전을 회의하는 아르주나를 형이상학적 차원[114]에서 설득코자 한 것이다. 2:11에서 2:30까지다. 그런 뒤 두 번째로 제시하는 것이 자기 계급의 의무

113) 김호성 2000a, pp.94~102. 참조.
114) 이러한 형이상학적 차원의 설득 역시 유디스티라의 회의에 대한 설득에서도 볼 수 있다. Mbh 12, 25, 15~16. 참조.

(svadharma)라는 논리이다.

> 또한 자기 계급의 의무를 고려하고 나서는
> 흔들릴 수 없을 것이오.
> 정의의 전쟁보다 더 뛰어난 다른 것이
> 크샤트리아에게는 있지 않기 때문이오.[115)]

참전은 아르주나 그 스스로의 계급, 즉 크샤트리아 계급의 의무이다. 전쟁에 흔쾌히 참전하면 명예와 생천(生天)이 주어지고(2:32), 만약 죽게 되면 천국을 얻을 것이며, 승리를 하게 되면 땅을 얻게 된다(2:37). 그러나 그렇게 하지 않는다면 명예를 저버리고 악을 취하게 되리라는 것이다(2:33). 명예를 소중히 여기는 무사들에게 명예를 잃는 일은 죽음보다 더 괴로울 것이다(2:34).[116)] 참전과 부전 사이의 이해득실이 분명해 보인다.

그러나 그 정도로는 아직 아르주나의 마음은 움직이지 않는다. 앞에서는 분명히 친족을 죽이고 나서는 지상의 지배권도, 삼계(三界)의 지배권도, 쾌락도 다 의미가 없다고 슬퍼하고 있었기 때문이다. 그래서 크리쉬나가 준비한 비장의 무기가 제시된다. 그것은 2:31과 2:33에서 말하는 '정의의 전쟁(dharmya yuddhā/dharmya saṁgrāma)'이라는 논리이다. 이로써 참전해야 할 전쟁에 명분이 부

---

115) "svadharmam api cāvekṣya na vikampitum arhasi, dharmyād dhi yuddhācchreyo 'nyat kṣatriyasya na vidyate." BG 2:31.

116) 이러한 크샤트리아 계급의 의무라는 논리 역시 유디스티라의 회의를 설득하는 과정에서도 광범위하게 언급된다. MBh 12, 22. 3 참조.

어된다. 아르주나가 말하는 것처럼, 그것은 왕권이나 권력(rājya)을 얻기 위한 것이 아니라 정의(dharma)를 지키기 위한 것이라는 이야기이다.

이러한 명분에 아르주나의 마음이 적잖이 움직인 것으로 생각된다. 그렇다고 해서 크리쉬나의 설득 논리가 멈춘 것은 아니다. 한 걸음 더 나아가서 분별심을 버리고서, 집착없이 참여하라고 말한다. 무집착의 윤리[117]이다.

> 즐거움과 괴로움, 얻음과 얻지 못함,
>
> 승리와 패배를 동등히 여기고서
>
> 전쟁을 위하여 준비하라.
>
> 그렇게 하면 그대는 죄악을 얻지 않을 것이다.[118]

이원 대립을 떠나라는 이야기는 결국 결과를 고려하지 않은 행위에의 강조로 이어진다. 2:47과 2:48이 그것이다.

> 그대의 지배권은 행위 자체에만 [둘 것이지]
>
> 결코 어떠한 결과에도 [두지] 말라.
>
> 행위의 결과를 원인으로 삼지 말고,

117) 김호성 2000a, pp.99~101. 참조.

118) "sukhaduḥkhe same kṛtvā lābhālābhau jayājayau, tato yuddhāya yujyasva n'āivaṁ pāpam avāpsyasi." BG 2:38. 유디스티라의 회의에 대한 설득에서도 "행복과 슬픔의 두 가지를 버려야 한다"(Mbh 12, 25, 24)는 무집착의 윤리, 양 극단을 떠난 요가가 설해지고 있다.

그대의 집착이 행위하지 않음에도 있게 하지 말라.[119]

다남자야여, 요가에 머물러서, 집착을 버리고서,
성공과 실패를 평등히 여기며,
행위를 하라.
요가는 평등성이라 말해진다.[120]

이러한 행위를 카르마 요가(karma-yoga)의 차원에서 행해지는 행위라고 말한다. 카르마 요가를 전쟁이라고 하는 컨텍스트 속에서 이해하게 될 때, 우리로서는 받아들이기 어려운 측면이 있다.[121] 하지만 그러한 컨텍스트를 떠나서 생각하게 되면 카르마 요가는 나름의 의미를 가진다. 그것은 무엇일까? 바로 현실의 삶 속에서, 우리의 계급에 주어진 의무를 행하면서도 해탈에 이를 수 있다는 것이 아니겠는가. 여기서 다시 두 가지 의미를 확인할 수 있을 것이다. 하나는 명상(jñāna)이나 믿음(bhakti) 이외에 행위(karma)에 의해서도 해탈이 가능하다고 하는 행위주의(行爲主義)이고, 다른 하나는 그러한 행위는 반드시 집을 떠나서 숲 속으로 가야만 행할 수 있는 것[출가주의]이 아니라는 점에서 재가주의[122]이다. 전자와 관련해

119) "karmaṇy ev'ādhikāras te mā phaleṣu kadācana, mā karmaphalahetur bhūr mā te saṅgo 'stv akarmaṇi." BG 2:47.

120) "yogasthaḥ kuru karmāṇi saṅgaṁ tyaktvā dhanaṁjaya, siddhyasiddhyoḥ samo bhūtvā samatvaṁ yoga ucyate." BG 2:48.

121) 이에 대해서는 김호성 2000a, pp.99~101에서 비판한 일이 있다.

122) 이는 분명 재가주의의 입장이다. 앞에서 나는 불교(특히, 초기불교)는 출가주의라고 하였지만, 그러한 주류 속에서 재가주의라는 비주류의 '섬'의 존재는 큰 의미를 가진다. 그것이 가능하려면 가정이나 직장생활을 하면서도 참선하여

서, 나는 카르마 요가를 긍정적으로 받아들일 수 있을 것[123]으로 생각하고 있다. 그러나 이 글의 관심사는 그러한 측면이 아니며, 바로 후자의 재가주의와 깊이 관련된다.

아르주나의 회의에 대해서, 크리쉬나는 자기 계급의 의무와 함께 무집착의 윤리(karma-yoga)를 제시함으로써 왕법에의 충실과 재가주의를 강조하고 있는 것이다. 그러한 두 가지 논리로써 아르주나의 회의를 극복시키고 있는 것이다. 이제 아르주나는 나름대로의 깨달음을 얻어서, 즉 비애를 제거하게 되었다. "통찰력에 서 있으며, 삼매에 확고히 서 있고, 지혜에 확고히 서 있는 자"[124]가 되어서 그러한 자의 행동거지를 묻게 된다. 2:54 이하에서는 그렇게 주제가 옮겨지고 있는 것이다.

2. 『붓다차리타』에 나타난 불교적 출가

아르주나의 회의에서 문제의 초점이 된 것은 크샤트리아 계급

해탈할 수 있다는 가능성과 더불어 행위를 통한 해탈 가능성을 인정하는 이론을 구축할 필요가 있다. 전자의 사례는 대혜(大慧, 1088~1163)의 『서장(書狀)』에 등장하는 사대부들에게서, 후자는 화엄의 보현행에서 그 전례(前例)/전례(典例)를 확인할 수 있다.

123) 『기타』의 카르마 요가와 더불어 불교 안에서 설해지는 보살도를 공관해 본 일이 있다.(김호성 1992, pp.127~147.참조.) 그것은 출가주의를 기본적 성격으로 삼는 불교 안에서 재가주의를 만드는 일이 될 것이다. 하지만 그러한 재가주의가 반드시 현실적으로 정당정치에의 참여(=왕법의 실천)을 통해서 이루어지는 재가주의와 궤를 같이 하는 것은 아니다.

124) "arjuna uvāca / sthitaprajñasya kā bhāṣā samādhisthasya keśava / sthitadhīḥ kiṁ prabhāṣeta kim āsīta vrajeta kim //" BG2 :54.

으로서 의무를 다 하느냐 하는 것이었다. 이는 곧 힌두교의 인생기(人生期, Āśrama)를 순차적으로 잘 이행하는가 하는 문제이기도 하다. 크리쉬나에게 설득 당한 아르주나는 이후 친족 사이의 상잔(相殘)임에도 전투에 참전하게 됨으로써, 가주기(gṛhastha)를 충실히 보낸 것으로 평가할 수 있다. 왕법을 실천하게 되는 것은 그러한 가주기 때의 일이다. 『마하바라타』 전체를 생각하게 되면 아르주나는 노후에 숲으로 가서 임서기(vānaprastha)를 보내면서 해탈법을 실천하게 된다. 왕법과 해탈법을 공히 겸수한 것으로 볼 수 있으나, 출가의 문제에 대해서는 가주기를 건너뛰지 않음으로써 재가주의의 입장을 취한 것으로 볼 수 있다.

그렇다면 왕법과 해탈법의 겸수냐 전수냐를 알 수 있는 출가에 대한 논의에서 불교는 어떠한 입장을 내보이고 있을까? 불교의 입장을 극명하게 보여주고 있는 것은 『붓다차리타(*Buddhacarita*, 佛所行讚)』에서이다. 「성을 나가는 장」(제5장)에서도 출가냐 재가냐 하는 대립이 보이지만, 힌두교적 입장과 불교적 입장의 보다 분명한 대비[125]는 제9~11장 사이에서 행해진다. 제9장에서는 부왕(父王) 정반왕이 대신과 궁전의 관리를 보내서 태자의 귀가를 종용하고 있으며, 제10장과 제11장은 귀가를 종용하는 빔비사라 왕의 설득과 그에 대한 태자의 대답이 교환된다. 이에 대한 싯다르타 태자의 대답/반론 속에서 우리는 왕법-해탈법의 겸수와 재가주의에 대한

125) 德永宗雄은 『붓다차리타』 제9~10장을 중심으로, 그 속에 『마하바라타』로부터의 영향이 보인다고 말한다. 그는 출가의 동기, 사문주의(沙門主義)에 대한 반대 등을 초점으로 하여 양자를 대비하고 있다. 유사한 구절은 『붓다차리타』가 『마하바라타』의 제12 「평안의 권(*śāntipaṛva*)」 모두(冒頭) 부분으로부터 빌어온 것이라 한다. 德永宗雄 2006, pp.135~144. 참조.

불교의 입장을 이해해 볼 수 있으리라 본다. 불교는 과연 어떠한 논리에서 힌두교의 입장을 반론하고 있는지 살펴보기로 하자.

(1) 힌두 다르마에 대한 부정

아르주나의 회의와 그에 대한 크리쉬나의 설득 논리 속에서 중핵을 이루고 있는 것은, 크샤트리아로서 자기 계급의 의무(svadharma)를 다해야 한다는 것이었다. 그렇게 자기 계급의 의무를 다 행하는 시기가 가주기이다. 『붓다차리타』에서도 싯다르타 태자의 출가를 만류하고 귀가를 종용하는 부분에서 동일한 관점이 등장한다. 부왕(父王) 정반왕은 대신과 궁정의 제관(祭官)을 통해서 다음과 같은 입장을 전하고 있다.

> 진리에 대한 너의 결의를 나는 잘 알고 있다.
> 그것이 너의 장래의 목표라는 것도 잘 알고 있다.
> 그렇지만 그대가 때 아닌 때에 숲에 거주함으로 인하여
> 나는 실제의 불에 의해서 (태워진 것처럼) 슬픔의 불에 태워졌다.[126]

부왕 정반왕은 출가해서 해탈을 얻으려는 싯다르타 태자의 결의에 공감하지 못해서 출가를 반대하는 것이 아니다. 그 점은 충분히 공감하고 있다. 다만 아직 그때가 아니라(akāla)는 것이다. 집

126) "jānāmi dharmaṁ prati niścayaṁ te paraimi te bhavinam etam artham, ahaṁ tu akāle vanasaṁśrayāt te śokāgninā agnipratimena dahye(知汝樂法情, 決定無所疑, 非時入林藪, 悲戀燒我心)." BC 9:14.(p.95) ; 대정장 4-16c. 이 책에서의 Buddhacarita의 범문(梵文) 인용은 E. H. Johnston 1984로부터이다.

을 떠나서 수행자의 삶으로 들어가는 것은 인생기 중에서는 셋째 단계인 임서기(林棲期)/임주기(林住期)에 행해야 할 일이다. 그런데 아직 왕위를 계승하여 나라를 다스려야 할 크샤트리아 계급의 왕자로서, 그것도 가주기를 충실히 이행하지 않고서 출가를 해버려서는 안 된다는 것이다.

> 그대는 그 지상의 권력을 충분히 즐겨라.
> 법전에서 정해진 때가 되면 그대는 숲으로 물러나게 되리라.
> 불행을 벗으로 삼는 나를 배려하라.
> 왜냐하면 진리는 모든 존재들에 대한 연민이기 때문이다.[127)]

먼저 크샤트리아 계급으로서 지상의 권력(ādhipatyam)을 향수한 뒤에, 정해진 때가 되면 숲으로 출가할 수 있다는 것이다. 그것은 법전(Dharmaśāstra)의 규정에 따르는 일이고, 전통을 존중하는 일이 된다. 그렇다면 부왕 정반왕이 말한 대로 가주기를 충실히 보내고 난 뒤에도 출가할 수 있는데, 왜 싯다르타 태자는 무리하게 가주기를 뛰어넘으려 평지풍파를 일으키고 있는 것일까? 이에 대한 대답으로 제시된 것이 무상론(無常論)이다.

> 감각의 대상에 몰두하는 데에 적절하지 않은 때가 있으며,

---

127) "tad bhuṅkṣva tāvad vasudhādhipatyaṁ kāle vanaṁ yāsyasi śāstradṛṣṭe, aniṣṭabandhau kuru mayi apekṣāṁ sarveṣu bhūteṣu dayā hi dharmaḥ(且還食土邑, 時至更遊仙, 不顧於親戚, 父母亦棄損, 此豈名慈悲, 覆護一切耶)." BC 9:17(p.96) ; 대정장 4, p.17a.

> 마찬가지로 재물을 얻는 데에도 적절한 때가 설해져 있습니다.
>
> (그러나) 죽음의 때는 언제나 세계를 지배하며,
>
> 영혼의 해방을 가져오는 지복을 얻는 데에 적절한 시간이 (따로이) 존재하는 것은 아닙니다.[128]

언제 죽을지 모르지 않느냐는 것이다. 노, 병, 사에 대한 두려움(9:31)이 있으며, 무상에 대한 강렬한 의식을 갖고 있었던 것이다. 이러한 무상에의 자각은 불교가 갖고 있는 기본적 가치관으로 생각된다. 제행무상(諸行無常)이 세 가지 법인(法印)의 하나로 말해지는 것도 그러한 맥락에서이다. 만약 가주기를 행하다가 죽게 된다면, 해탈의 문제는 미해결인 채로 끝나고 만다. 윤회를 면할 수 없는 것이다.

나는 이 부분에서 힌두교와 불교가 갈라진다고 본다. 만약 싯다르타 태자가 부왕 정반왕이 말하는 이러한 논리, 즉 힌두의 법전이 규정한 인생기의 순서/질서를 존중했더라면 불교는 존재할 수 없었을 것이기 때문이다. 가주기를 충실히 보낸 뒤에 행하는 노후의 출가는 어디까지나 힌두 다르마에 속하는 일이며, 그것만으로는 결코 새로운 종교를 낳는 혁명적 사건이 될 수 없었을 것이기에 말이다. 이러한 점은 가주기에 행해야 할 일들이 갖는 가부장제적 성격을 생각할 때, 싯다르타 태자의 출가는 그 자체로서 가부장제의 극

128) "bhavaty akālo viṣayābhipattau kālas thatā eva arthavidhau pradiṣṭaḥ, kālo jagat karṣati sarvakālān nirvāhake śreyasi nāsti kālaḥ(一切時有死, 山林何非時, 時時受五欲, 求財時亦然, 一切時死故, 除死法無時)." BC 9:38(p.99) ; 대정장 4, p.17b.

복[129]이라는 의미가 존재하는 것으로 볼 수 있을 것이다.

또한 적절한 때가 아니라는 비시론(非時論)은 인생사의 3대 목적과 연계지어진다. 재물(artha), 애욕(kāma), 그리고 다르마(dharma)의 성취를 온전히 행할 수 있도록 시간적으로 배열한 것이 인생기이므로 당연한 논리일 터이다. 빔비사라 왕은 다음과 같이 말한다.

> 실로 종교적 진리를 얻는 것은 노인이라야 가능합니다.
> 노인들은 애욕과 쾌락들에 능력이 없기 때문입니다.
> 또 젊은이들에게는 애욕이, 중년에게는 재산이,
> 노인에게는 종교적 진리가 (적절한 것으로) 말해집니다.[130]

이 3대 목적은 원래 네 가지 인생 목적(puruṣārtha) 속에서 말해지는데, 해탈(mokṣa)은 제외되어 있는 것처럼 보인다. 하지만 그 개념은 노년에게 부여되는 종교적 진리(dharma)에 포함되어 있는 것으로 보아야 할 것이다. 오히려 『붓다차리타』의 이 게송에는 네 가지 인생 목적 중에서 첫 번째로 말해지는 다르마 개념이 제외되어 있는 것으로 판단된다. 첫 번째의 다르마 개념에는 가주기에 행해야 할 제사와 같은 재가적 의무라는 개념이 있기 때문이다. 그러나 여기서는 노년의 다르마이므로 그것과는 달리 오히려 해탈 개

129) 김호성 2001, pp.80~84. ; 김호성 2010, pp.538~541. 참조. 이런 성격으로 인해서 싯다르타의 출가에서 우리는 탈(脫)가부장제적 페미니즘의 이념을 확인할 수도 있으리라 본다.

130) "śaknoti jīrṇaḥ khalu dharmamāptuṁ kāmopabhogeṣvagatirjarāyāḥ, ataś ca yūnaḥ kathayanti kāmān madhyasya vittaṁ sthavirasya dharmam(少壯受五欲, 中年習用財, 年耆諸根熟, 是乃順法時. 壯年守法財, 必爲欲所壞, 老則氣虛微, 隨順求寂默)." BC 10:34(p.113) ; 대정장 4, p.20a.

념과 유사하게 쓰인 것으로 보아야 할 것이다.

이에 대해서, 싯다르타 태자는 힌두 전통에서 말해지는, 그러한 3대 목적은 모두 무의미하다고 말한다.

> 예, 왕이시여, "평생에 걸쳐서 3대 목적을 실천하는 것이
> 사람에게는 최고의 목적이라"고 당신은 나에게 말씀하셨습니다.
> 그러나 [그것들은] "무의미하다"라고 하는 것이 여기서 나의 견해입니다.
> 왜냐하면 3대 목적은 소멸하는 것이며, 또한 만족을 주는 것이 아니기 때문입니다.[131]

해탈의 의미까지 담고 있는 노년의 다르마 역시, 그 이전에 애욕과 재산의 획득을 다 이루고 나서 추구되는 것이다. 그렇다고 한다면, 그 역시 무의미하다고 보는 것이 싯다르타 태자의 입장이다. 시간에 따라서 행해진다고 하지만 얻게 되더라도 소멸하는 것이며, 진정한 만족을 주는 것이 아니기 때문이다.

이렇게 인생기와 인생 목적이라고 하는 힌두 다르마에 대한 전체적인 부정의 태도를 내보임으로써 싯달타 태자는 불교의 입장이 해탈법만을 전수하는 출가주의의 입장에 서 있음을 확고히 한다. 그럼으로써 동시에 크샤트리아 계급으로서 가주기에 행해야 할 왕법은 포기함을 보여준다. 싯다르타 태자는 권력이 아니라 탈

131) "trivargas evāṁ nṛpa yat tu kṛtsnataḥ paro manuṣyārtha iti tvam āttha mām, anartha ity eva mama atra darśanaṁ kṣayo trivargo hi na cāpi tarpakaḥ(若習三品樂, 是名世丈夫, 此亦爲非義, 常求無足故)." BC. 11:58(p.124) ; 대정장 4, p.21c.

(脫)권력의 길을 걸었던 것이다. 그것이 그의 출가였으며, 불교에서 말하는 출가의 원형(原型)인 것이다.

(2) 재가주의에 대한 반론

『기타』에서의 재가주의는 가주기에 실천할 것이 요청되는 의무, 즉 계급적 의무(svadharma)를 다 행해야 한다는 원칙 위에 건립된 것이다. 가주기의 의무를 다 실천한 뒤 임서기에 들어가서 해탈법을 실천할 수 있다는 것이다. 이것이 카르마 요가와 결합하게 되면, 가주기에 있으면서도 해탈하는 것 역시 가능하다는 논리로 발전하게 된다. 가주기에 요청되는 행위를 하면서도 결과에 집착함이 없이 행위 그 자체에 집중하여 행함으로써, 굳이 출가하지 않아도 세속 내에서 해탈하는 것이 가능하다는 관점이다.

이러한 입장에 서게 된다면, 싯다르타 태자의 '때 아닌 출가'는 당연히 문제가 있는 것이다. 비법이라 아니할 수 없다. 그런 입장에서 싯다르타 태자의 출가를 부왕은 다음과 같이 만류한다.

> 이러한 진리는 숲 속에서만 성취되는 것이 아니다.
>
> 도시에서도 고행자들의 성취는 얻어진다.
>
> 중요한 것은 의지와 노력이다.
>
> 왜냐하면 숲과 가장된 징표로서 (고행자인 척하는 것은) 의지가 박약한 증거이기 때문이다.[132]

132) "na ca eṣa dharmo vana eva siddhaḥ pure 'pi siddhirniyatā yatīnām, buddhiś ca yatnaś ca nimittamatra vanaṁ ca liṅgaṁ ca hi bhīrucihnam(法不必山林, 在家亦修閑, 覺悟勤方便, 是則名出家)." BC 9:18(p.96). 대정장 4, p.17a.

문제는 장소가 아니라 의지와 노력이다. 그러면서 과거에 왕이 되어서 정치를 행하면서도 해탈할 수 있었던 사람들의 사례를 열거하고 있다. 이러한 관점은 해탈도의 차원에서는 타당하고도 매우 중요한 관점이다. 불교에서도 대승불교에 이르면 이러한 재가주의적 수행법[133]이 등장한다. 다만 힌두 다르마의 경우, 그 밑바탕에는 카스트제도에 따른 계급적 의무가 놓여있다는 점에서 문제가 될 수 있다. 하지만 그것은 어디까지나 컨텍스트 차원의 문제이고, 텍스트 차원에서는 의미있는 관점이라 아니할 수 없다. 또 인생기와 결부시키지 않는다면, 위의 게송에 나타난 재가주의의 입장은 지지받을 수 있을 것이다. 그러나 이에 대해서도 싯다르타 태자는 그러한 재가주의의 논리가 처하고 있는 또 다른 모순을 예리하게 부각하고 있다.

> "재가의 왕들이 해탈을 얻었다"라고 계시서에서 말하는데
>
> 그렇지 않다.
>
> 해탈법은 적정을 제일로 하는 곳에 있으며,
>
> 왕법은 몽둥이를 제일로 삼는 곳에 있(기 때문이)다.[134]

---

133) 대승경전인 『유마경』이나 『승만경』에서는 재가자가 해탈하여 설법하고 있으며, 『육조단경』에는 반드시 출가를 해야만 해탈하는 것은 아니며 세간을 떠나서 깨달음을 구하는 것은 마치 토끼뿔을 구하는 것과 같다고 말한다. 정토신앙 역시 불교 안에서 재가주의 수행의 한 대표적 사례라 할 만 하다. '나무아미타불' 염불을 하여 극락에 왕생하는 데는 굳이 출가를 하지 않아도 된다고 하는 입장이기 때문이다.

134) "yā ca śrutir mokṣam avāptavanto nṛpāgṛhasthā iti na etad asti, śamapradhānaḥ kva ca mokṣadharmo daṇḍapradhānaḥ kva ca rājadharmaḥ(處宮修解脫, 則無有是處, 解脫寂靜生, 王者如楚罰)." BC 9:48(p.101) ; 대정장 4, p.18a.

힌두교에서는 인생기라고 하는 시간적 배열에 의해서 왕법과 해탈법의 겸수가 가능하다고 말하는데, 그렇게 가주기 동안에 왕법을 실천하면서도 해탈법을 닦은 사례로서, 이른바 철인왕(哲人王)의 존재를 이야기한다. 왕법과 해탈법의 겸수가 가능함을 역설한다. 하지만 싯다르타는 왕법의 실천에 필요한 것과 해탈법의 실천에 필요한 것이 서로 상반됨을 예리하게 꿰뚫어 보고 있다. 그것은 왕법/재가와 해탈법/출가 사이에는 건널 수 없는 심연(深淵)이 있는데, 바로 권력의 문제라는 것이다. 왕이 되어 권력을 휘두르고 통치한다는 것은 몽둥이(daṇḍa)/폭력을 근본으로 하지 않을 수 없다.[135] 싯다르타 태자의 입을 빌어서 『붓다차리타』의 저자는 왕법, 즉 정치권력의 본질이 바로 폭력/몽둥이에 있음을 여실히 꿰뚫어 보고 있는 것이다. 이론적으로는 왕으로서 재가하여 수행할 수 있고 해탈할 수도 있다. 하지만 왕으로서의 통치행위 속에는 권력의 행사, 즉 폭력의 행사를 피해갈 수 없다는 것이다. 세속에서 타자에 대해서 폭력을 행사하는 입장에 놓인 사람이 자타의 분별을 넘어서고, 자비를 실천할 수 있는 가능 공간인 해탈의 경지에 나아간다는 것은 과연 가능할 것인가? 불가능하다는 입장이다. 이 사이는 마치 물과 불의 관계와 같음을 9:49에서 말하고 있다.

> 만약 적정을 즐긴다고 한다면 왕권은 무너질 것이다.
>
> 또 왕권을 원한다면 적정이 무너져 버릴 것이다.
>
> 왜냐하면 적정과 (왕권의) 엄격함은 함께 얻어질 수 없기 때문이다.

135) 이 점은 국가의 본질이 곧 폭력이라고 간파하는 현대 정치학의 입장에 비추어 보더라도 놀라운 통찰력이라 아니 할 수 없다.

마치 물과 불처럼, 차가움과 뜨거움이 하나가 되는 것은 (불가능하기 때문이다)[136]

결국 왕법과 해탈법은 겸수의 문제가 아니라 어느 하나를 선택하는 문제일 수밖에 없다는 것이다. 우리가 이러한 싯다르타 태자의 입장에 공감하게 된다면, 출가가 갖는 탈권력/탈정치적 함의를 깨달을 수 있을 것이다. 출가는 단순한 도피가 아니라 탈권력/탈정치로서의 아힘사의 적극적인 실천이라는 의미가 있는 행위이다.

Ⅲ. 불교적 출가의 반례(反例)에 대한 비판

『붓다차리타』에서 싯다르타 태자는 출가의 정당성을 두고서 벌어진 논쟁에서 비시론에 대해서는 무상론으로 반박하고, 재가주의론은 권력의 본질론으로 반박함으로써 권력 지향과 해탈 지향이 공존할 수 없음을 보여주었다. 제9장에서는 대신과 궁정제관에 대하여, 그리고 제10장에서는 빔비사라 왕과 힌두 측 대변자들에 대하여 반박 논리를 갖추고 있다.

왕법과 해탈법(불교의 경우에는 불법) 사이에서 불교는 겸수가 아닌 전수의 길을 간다. 만약 겸수의 길을 선택했더라면, 붓다는 가

136) "śame ratiś cet śithilaṁ ca rājyaṁ rājye matiś cet śama viplavaś ca, śamaś ca taikṣṇyaṁ ca hi na upapannaṁ śītoṣṇayor aikyam iva udakāgnyoḥ(寂靜廢王威, 王正解脫乖, 動靜猶水火, 二理何得俱)." BC 9:49(p.101) ; 대정장 4, p.18a.

주기에서는 전륜성왕이 되었을 것이며 가주기를 지난 뒤에 임서기에 들어서야 비로소 붓다가 되었을 것이다. 그렇게 되었더라면 과연 힌두교와 또 다른 종교로서 불교의 탄생이 가능했을지 의문이다. 붓다는 힌두교 안의 한 철인 내지 성자로 자리매김되었을지 모른다. 그야말로 비쉬누 신의 화신에 지나지 않았을지도 모르는 일이다. 그러나 붓다는 흔히 전륜성왕에 비견[137]되면서도 전륜성왕이 아니라 붓다가 된다. 권력의 길이 아니라 탈권력의 길을 간 것이다.

1. 일본불교에 나타난 왕불일체(王佛一體)론

동아시아 불교에서는 '왕이 곧 부처(王卽佛)'라는 정치이데올로기가 광범위하게 등장하였는데, 인도 안에서 힌두교적 출가와 불교적 출가의 다름을 인식하는 바탕 위에서 볼 때 그러한 이데올로기가 갖는 문제점은 확연히 보이리라 생각된다. 그것은 불교의 권위를 빌어서 왕권을 강화하려는 이데올로기였을 뿐, 불교 자체의 입장이 아님은 두말할 나위가 없을 것이다. 여기서 누군가 다음과 같은 문제를 제기할지도 모른다.

137) 이렇게 붓다를 늘 전륜성왕에 비견하면서 전륜성왕과 붓다를 함께 이야기하는 것 자체는 『마하바라타』에 나타난 것처럼 '왕법과 해탈법'을 함께 고려하는 사고와 궤를 같이 하는 것으로 평가할 수 있다. 그것이 불교 밖의 인도(=힌두교)적 사고였던 셈이다.

불교가 지향하는 목표를 깨달음으로 설정하지 말고 중생제도로 설정하게 된다면, 얼마든지 다른 이야기가 가능한 것이 아닌가? 중생을 제도하기 위한 여러 가지 조정 작용을 정치라고 한다면, 굳이 불교라고 해서 정치 현실에 참여하지 말라는 법도 없지 않은가? 정치만이, 정치를 통해서만이 불교가 현실 속에 구현될 수 있는 것 아닌가?

평화통일가정당이나 기독당이 정당으로서 성공하고, 원내 진입이 가능하여 그에 대한 대응책으로서 누군가가 나서서 불교계 정당을 만들자고 했을 때, 내세울 수 있는 논리 역시 바로 이와 같은 질문 속에 드러나 있는 것으로 보인다. 그러나 그러한 논리에 따라서 불교의 출가주의가 흔들리게 되었을 때 어떠한 결과가 나타났는지를 보여주는 반증의 사례가 있다. 여기서는 그러한 반대 사례(=反例)를 비판함으로써 불교의 출가가 갖는 함의를 다시 한 번 더 확인해 보고자 한다.

반증의 사례는 일본불교사에서 찾아볼 수 있다. 다음은 일본의 불교문학 중에서 높은 평가를 받는 『헤이케 이야기(平家物語)』의 한 구절이다.

원성사(園城寺)에서는 고등을 불고 종을 쳐서 승병들을 집합시킨 다음 전체회의를 열었다. 주지가 앞에 나와 "요즘 세상 돌아가는 것을 보니 불법과 왕법의 쇠퇴가 실로 극에 달한 것 같다. 기요모리의 횡포는 지금 바로잡지 않으면 언제 또 기회가 오겠는가?"[138]

138) 오찬욱 2006, p.265. 이러한 승병의 존재와 국내정치에의 참여 사례는 우리의 고려시대 불교에서도 익히 살펴볼 수 있겠다. 『고려사절요』 제12권 명종 4년

승병들의 존재부터가 예사롭지 않다. 더욱이 주목을 끄는 것은 당시 최고의 권력자 다이라노 기요모리(平 淸盛, 1118~1181)에 대해서 공격을 하자는 논의를 하는 중에 "불법과 왕법의 쇠퇴가 실로 극에 달한 것 같다"라고 하면서, 불법과 왕법의 회복을 위하여 내란에 참여해야 한다는 논리를 펴고 있는 것이다. 여기서 주목해야 할 것은 불교계의 한 고승 역시 불법/출가만을 이야기하지 않고, 불법과 왕법을 함께 짝지어 말하고 있다는 점이다. 그러나 실제로 그들이 우려한 '불법의 쇠퇴'는 불교교단/사원의 이권의 쇠퇴일 뿐 불법 그 자체의 쇠퇴가 아님은 물론이다. 불법의 쇠퇴를 막기 위하여 왕법에 참여해야 한다고 말하나, 기실 그들이 노린 것은 왕법의 장악을 통한 세속적인 정치경제적 이익이었을 뿐이다. 불자로서, 출가한 승려라면 당연히 버려야 할 그 이익/명리였다.

그런데 유감스러운 것은 역사는 반복된다는 점이다. 이렇게 "왕법과 불법을 함께"라는 논리는 그로부터 천 년을 더 지나서 다시 등장하는 것이다.

> 국민도 제실(帝室)도 『법화경』의 통일주의를 신봉하는 때야말로 왕법불법(王法佛法)의 명합일체(冥合一體)가 실현되는 것으로, 이때야말로 일본 건국의 국시인 제정일치의 주의에 도달하는 것이다.[139)]

정월의 기록에 따르면, 당시 고려에서는 승병(僧兵)들이 정변에 휩쓸려서 수없이 죽었다. 그때 역시 승병을 이끌던 불교계 지도자들이 내세웠던 명분은 일본의 원성사 주지의 목소리와 다르지 않았을 것이다. 이들과 다른 길을 간 예가 보조지눌(普照知訥, 1153~1210)의 정혜결사였다. 그래서 나는 정혜결사의 정신을 『헤이케 이야기』의 승병들의 문제와 관련하여 살펴본 일이 있다. 김호성 2008b. 참조.

139) 田中智學 1922, p.980. ; 원영상 2008, p.239. 재인용.

이 말은 『법화경』의 재해석을 통하여 일본 제국주의를 이론적으로 뒷받침했던 국주회[140]의 창설자 다나카 치카쿠(田中智學)의 말이다. 이 짧은 말 속에는 첫째는 『법화경』 사상의 정치이데올로기화, 둘째는 '왕법과 불법을 함께' 실천하자는 불교적 출가의 반례, 그리고 마지막으로 천황제를 확립하면서 고대로부터의 제정일치, 즉 정교일치의 이데올로기를 이끌어내고 있음이 내포되어 있다. 이 중에서 나의 주목을 끄는 것은 특히, 둘째의 측면이다. 제국주의적 이데올로기를 강화하는 논리의 하나인 그러한 왕불명합론에서도, 우리는 『마하바라타』에서 말하는 '왕법과 해탈법을 함께'라는 논리가 되살아나 있음을 확인케 된다. 그리고 왕법과 해탈법(여기서는 불법)을 함께 구현한다는 것은 곧 중세적 제정일치, 즉 정교일치에 다름 아님을 확인하게 된다.

더욱 문제인 것은, 불행하게도 일본의 패전 이후에도 이러한 사례는 사라지지 않고 있다는 점이다. 현재(2016)도 일본의 정치사와 불교사 안에 존재하고 있다. 바로 니치렌(日蓮, 1222~1282) 계통의 신흥종교교단인 창가학회(創價學會)에서 창설한 공명당(公明黨)이라는 정당이 현재 제1당인 자민당(自民黨)과 함께 연립여당을 구성하고 있다. 정부에도 일정한 비율로 각료가 파견되어 있다. 그런데 그들의 정당정치 참여가 어떻게 불교의 가르침을 배반하고 있는지 한 예를 들어보기로 하자.

140) 田中智學의 국주회에 대해서는 김호성 2006b, pp.4~6. 참조.

2. 불교계 정당의 반(反)불교

법화계/니치렌계 교단인 창가학회에 기반한 공명당 역시 '불법에 의한 정치'라는 꿈을 표방하고 있었을 것이다. 그러나 현실 정치에서 그러한 꿈의 현실화는 생각만큼 쉬운 것이 아니다. 아니, 오히려 현실 정치에의 참여가 불법을 배반하는 양상을 초래할 수 있다는 것이다.

그러한 사례는 이라크 전쟁에 대한 일본불교계의 반응 속에서 확인할 수 있었다. 나는 2003년 3월 일본 교토에서, 이라크에 대한 미국의 공격을 시청하게 되었다. 과연 당시 일본의 불교계는 어떻게 반응하고 있었던 것일까? 『아사히신문(朝日新聞)』 2003년 3월 20일, 석간 3판 20면은 다음과 같이 불교계의 동향을 전하고 있다.

> 교토부(京都府) 내의 일련종이나 법화종의 승려 약 120명으로 구성된 '교토입정평화회(京都立正平和會)'도 18일, 부시 대통령에게 이라크 공격의 철회를 요구하는 요청문을 미국대사관 등으로 보냈다.
> "불타의 불살생의 가르침에 근거하여 모든 무력 공격에 반대한다."
> 정토종 본원사파(본산: 西本願寺, 京都市)와 진종대곡파(본산: 東본원사, 同)는 19일 미국 등에 의한 이라크 공격에 반대하는 성명을 발표했다. "사람들이 서로 목숨을 빼앗는 어리석음을 슬퍼하며, 부끄럽게 생각하지 않을 수 없다"고 하는 본원사파. 대곡파는 공격을 지지하는 일본정부의 방침에 대해서 "전쟁 포기의 이념을 짓밟는 행위"라고 철회를

요구했다.

서산정토종(총본산: 광명사)이나 임제종 묘심사파(본산: 묘심사), 조동종(대본산: 영평사, 총지사)은 제각각 종의회 등에서 평화적 해결을 요망하는 성명을 채택. 창가학회는 국제 정세의 추이를 지켜보고 있다. "무력행사가 시작되면 신속히 전쟁 종결을 구하는 코멘트를 낸다"고 한다.

현실의 국제 정세나 정치적 사건에 대해서 일본의 많은 불교계 종단이 반대 성명을 내는 것 자체도 정치적인 함의를 갖는 행동이다. 그러나 그러한 불교의 정치 참여는 제3세계의 민주화운동 과정에서나 지금도 여러 종교계가 보여주고 있는 일종의 시민운동이라 볼 수 있을 것이다. 정당을 만들어서 행하는 정치 참여와는 다르다고 본다.[141] 할 수 있는 일이고, 어떤 면에서는 보다 적극적으로 행할 필요가 있다. 오늘날 경우에 따라서는, 종교가 민의를 대변하면서 현실 정치의 권력을 경계해야 할 하나의 견제 세력이라는 의미를 인정받기 때문이다. 그러나 서론에서 말한 것처럼 그러한 종교의 정치 참여와 종교가 정당을 만들어서 권력을 소유하겠다고 나서는 정치 참여는 엄연히 다르다고 나는 본다.

나는 앞에서 소개한 『아사히신문』 기사에 대하여 다음과 같이 비평한 일이 있다.

141) "교회의 정치 참여는 화려한 권력의 보좌를 쟁취하기 위한 것이 되어선 안 된다. 예수가 그러했듯이 저 빈 들에 가득한 인간의 눈물과 한탄에 귀기울이고 그들을 섬겨야 한다." 김지방 2007, p.318. 『정치교회』의 결어(結語)에 해당하는 이 말이 어찌 유독 기독교에만 해당되는 목소리이겠는가.

그런데 여기서 주의해서 살필 대목은 법화종단들의 움직임입니다. 니치렌(日蓮)은 몽고 침입 전야의 불안한 일본사회에서 『법화경』에 의지하여 현실 참여를 주장한 근본주의자입니다. 그의 사상을 이은 일련종이나 법화종 계통에서는 부처님의 불살생의 이념에 입각하여 공격을 반대하고 있습니다. 그런데 같은 니치렌을 이었다고 하더라도 창가학회의 입장은 다소 다릅니다. '공격을 반대한다'는 분명한 입장 표명이 없습니다. '국제 정세를 지켜보겠다'는 이야기는 현실적인 이야기일 수는 있으나, 이상을 지켜 가야 할 종교단체에서 할 소리는 아니라고 나는 봅니다. 종교단체마저 현실 논리 속에서 헤어나지 못한다면 누가 균형을 잡을 것입니까. (-) 공명당의 당수가 TV에 나와서 이렇게 말하더군요. "일이 이렇게 된 데에는 이라크의 책임이 크다. 그리고 고이즈미 총리의 고뇌에 찬 결단에 동의한다."[142]

같은 니치렌의 후예라 하더라도 현실 대응의 목소리는 다르게[143] 나왔다. 그 원인은 무엇일까? 어쩌면 창가학회는 공명당이라는 정당을 갖고 있기 때문이 아닐까. 공명당이 "이라크 공격을 지지하는 고이즈미에 반대한다"고 하면서, 자민당과의 연립정권으로부터 뛰쳐나와서 야당이 되지 않는다면, 중생제도를 표방하면서 정당을 만들어서 현실 정치에 참여하고 있다는 바로 그 자체가 애

142) 김호성 2007a, p.94.

143) 공명당과 국주회는 니치렌 불교의 한 형태라는 점에서 공통된다. 그 세부적 차이에 대해서는 좀 더 살펴볼 필요가 있다. 또 여기서 주의할 것은 니치렌 불교라고 해서 반드시 우익과만 관련하는 것은 아니라는 점이다. 세노오 기로(妹尾義郎, 1889~1961)의 신흥불교청년동맹이나 후지이 닛다츠(藤井日達, 1885~1985)의 평화운동은 모두 우익의 불교운동이 아닌 다른 길을 걸었기 때문이다.

당초의 목표를 배반해 버린 것인지도 모른다. 그러기에는 이미 권력의 맛을 알아버린 것인지도 모른다.

하여튼 이러한 창가학회와 공명당의 사례[144]를 통해서 보더라도, 현실 정치에서 정당을 만들어서 참여한다는 것은 애당초 표방한 목표를 배반하기 쉽다는 점은 쉽게 상상할 수 있을 것이다. 내가 왜 그토록 왕법과 해탈법의 겸수를 추구하는 것, 즉 해탈법을 추구하면서도 재가의 왕법을 포용하는 것을 비판하는가, 그 이유를 여기서 짐작할 수 있을 것이다. 이미 싯다르타 태자도 비판한 것처럼, 이라크 전쟁[145]에 대한 창가학회와 공명당의 입장은 불교적 출가가 아닌 힌두교적 출가(=왕법과 해탈법의 겸수)를 선택하게 될 때 어떤 문제에 봉착하게 될지를 여실히 보여주고 있는 것이다.

권력욕이라는 세속적 욕망에서 완전히 벗어난 사람이라면 해탈법(=불법)만을 전수하면서, 권력으로부터 민(民)을 보호하고 대변하는 차원의 정치 참여－여기에서도 스스로 권력화의 위험에 빠질 수 있음을 자각하면서 가능한 한 정치권력화하지 않도록 부단히 경계해야 할 것이다－만을 해야 불교의 중생제도라는 본의에도 부합할 것으로 생각된다. 그러한 이념을 함의하고 있는 사건이 곧 해탈법(=불법)만을 닦자고 하는 싯다르타 태자의 출가이며, 그것을

144) 이 한 가지 사례만으로 '창가학회-공명당'의 모든 활동이 반(反)평화적이라거나 반불교적이라고 단언하는 것이 아님은 물론이다. 하지만 아무리 다른 평화운동을 많이 한다고 할지라도 이러한 역사적 과오가 덮어질 수는 없다고 본다.

145) 미국의 이라크 침략은 결과적으로 명분 없는 침략임이 밝혀졌는데, 당시 그 전쟁의 이데올로기로서 미국이 내세운 "악(=그들 스스로 규정한 악)에 대한 공격은 선이다"라는 논리가 힌두교에서도 '정의의 전쟁'론으로 존재하고, 불교(『대승열반경』의 「금강신품」)에서도 '파계 비구에 대한 폭력 허용'론으로 들어와 있음을 나는 비판한 일이 있다. 김호성 2003b, pp.5~35. 참조.

잘 형상화하고 있는 『붓다차리타』의 관점인 것이다.

IV. 종교와 현실 정치의 분리

2008년 행해진 18대 국회의원 선거는 종교정당(기독당과 평화통일가정당)이 등장함으로써 종교와 정치의 관계에 대한 화두를 던져주었다. 종교와 정치는 어떠한 관계에 있으며, 종교의 정치 참여는 어떠한 방식으로 이뤄져야 하는 것일까? 또 기독교를 기반으로 한 정당이 현실의 정당정치(=의회정치)에 직접 참여하는 사태에 자극을 받아서, 불교계 역시 정당을 결성하여 직접 정치에 참여하는 것을 시도할 것인가? 만약 그러한 시도가 행해진다면, 과연 불교의 가르침으로부터 지지받을 수 있을 것인가?

이 글은 이러한 의문에 답하기 위하여 시도되었다. 이러한 목적을 달성하기 위하여 우선 현실 정치에의 참여 여부를 문제삼고 있는 에피소드를 힌두교와 불교 안에서 찾아보고, 이들을 대비함으로써 불교의 근본 입장이 어떠하였는지 확정코자 하였다.

힌두교의 자료는 『마하바라타』의 제6권 「비쉬마의 권(*Bhīṣmaparva*)」에 소속되어 있다가 따로이 유통되고 있는 『기타』의 제1장에 나타난 아르주나의 회의이다. 과연 전쟁을 하고서 지상의 권력을 장악하는 것이 옳은가 하는 점을 아르주나는 회의하고 있다. 아르주나는 애시당초 전쟁을 포기하려는 의지를 보이기도 하였다. 만약 그러한 의지를 관철하였다고 한다면, 그는 출가한 셈이 되었을 것이다. 그것도 크샤트리아 계급으로서 가주기의 의무(dharma)를 충실히 실천한 뒤에 행하는 힌두교적 출가가 아니라, 그것을 건너뛰고 행하는 불교적 출가에 가까운 것으로 평가할 수 있다. 나는 이러한 아르주나의 회의에 대해서 이미 몇 차례 논의하였으나, 이 글에서는 그와 동일한 성격의 회의를 하고 있는 『마하바라타』 제12권 「평안의 권(*Śāntiparva*)」에 나타난 유디스티라(Yudhiṣṭhira)의 회의에 비추어서 재검토해 보았다.

아르주나의 회의나 유디스티라의 회의에는 공히 출가주의의 입장이, 그들에 대한 설득의 논리에는 공히 재가주의의 입장이 강하게 내포되어 있었다. 즉 힌두교에서 보는 종교와 정치의 관계는 재가주의의 입장 속에서 이해될 수 있는데, 그 재가주의의 핵심은 '왕법(rajā-dharma)과 해탈법(mokṣa-dharma)을 함께' 행하자는 것이다. 즉 현실 정치에의 참여를 용인하는 논리이다.

이에 반하여 『붓다차리타』(제9~11장)에 나타난 불교의 입장은 출가주의였다. 왕법을 먼저 실천한 뒤에 해탈법을 닦을 수 있다는 '왕법–해탈법의 시간적 배열'에 대해서는 무상론으로, 왕법을 실천하면서 해탈한 왕들도 있다는 재가주의 논리에 대해서는 왕법의 본질은 몽둥이(daṇḍa)/폭력에 있으므로 출가의 이념과는 어울릴 수 없다고 비판한다. 그러한 입장에서 싯다르타(Siddhārtha) 태자는 출가를 감행해 버린 것이다. 따라서 나는 불교의 출가/출가주의에는 탈권력/탈정치의 입장이 함의(含意)되어 있는 것으로 판단한다. 탈권력/탈정치는 아힘사(ahiṁsā)도 그러하다는 점에서, 불교의 출가에서도 아힘사의 입장을 그대로 확인할 수 있다고 본다.

그러나 그러한 불교의 기본 입장에도 불구하고 불교사의 전개 과정 속에서는 '왕법과 해탈법(=불법)을 함께'라는, 저 힌두교의 재가주의에서 볼 수 있었던 논리 역시 등장함을 보게 된다. 그 일례(一例)로서 일본 고대의 승병들이 가졌던 논리(『헤이케 이야기平家物語』)나 근대 일본제국주의에 이데올로기를 제공했던 불교인들의 논리(국주회의 田中智學)들을 들 수 있다. 뿐만 아니라, 2003년 미국에 의한 이라크 침략을 지지한, 창가학회를 기반으로 한 공명당의 입장 역시 그 틀을 벗어나지 않는 것이었다. 이러한 사례들은 모두 불교적 출가/출가주의를 배반한 반대 사례라고 할 수 있을 것이다. 특히, 일본의 근대사에서 '왕법과 블법을 함께'라는 논리가 침략주의 이데올로기로 전화(轉化)되었음을 확인함으로써, 나는 불교의 출가/출가주의 속에는 내적으로 탈권력/탈정치만이 아니라 외적으로는 탈식민의 의미까지 내포되어 있음을 깨닫게 되었다.

이 글을 준비하는 2008년 여름 우리나라에서는 현실 정치에 참여한 일부 기독교인들에 의하여 '종교적 편향 → 불교의 소외'를 가져왔다. 그 결과 많은 불교인들의 저항을 불러왔으며, 이에 이명박(李明博) 대통령이 유감을 표명함으로써 종교 편향을 둘러싼 갈등은 일단 봉합되었다. 그러나 그 사태는 단순히 불교가 소외되었다는 차원에서의 문제가 아니라 대한민국 헌법이 규정한 정교분리/세속주의의 기본원칙이 흔들렸다는 측면에서 심각성이 있었던 것이다. 또 바로 그 시점에 인도에서는 왕법을 실천하려는 일부 힌두교도들에 의하여 가톨릭교도들이 학살되는 사건이 오릿사

(Orissa)에서 발생하였다. 왕법에 참여하면서 그들이 내세우는 이데올로기를 '힌두트바(Hindutva)'라고 부르는데, 힌두트바 이데올로기에 대한 비판과 극복은 우리에게 남겨진 또 다른 숙제일 것이다.

후설
後說

『기타』의 행위의 길(karma-yoga)과 불교

―『바가바드기타의 철학적 이해』 자평(自評)을 중심으로

『기타』의 행위의 길(karma-yoga)과 불교
-『바가바드기타의 철학적 이해』 자평(自評)을 중심으로

1. 『불교평론』에 서평이 실리다

작년(2015년) 『불교평론』에 내 책 『바가바드기타의 철학적 이해』(올리브그린, 2015)에 대한 서평이 실렸다. 의외의 일이었다. 전혀 뜻밖이었다. 그도 그럴 수밖에 없었던 것이, 『바가바드기타의 철학적 이해』는 전혀 불교와 무관하다면 무관하기 때문이었다. 힌두교의 성전인 『기타』에 대한 5편의 논문을 모은 것인데, 그 논문들은 내가 쓴 논문들 중에서는 매우 이례적으로 불교와의 관련성을 가능한 한 삼가려 했기 때문이다.

어떻게 해서 『불교평론』에서 서평을 게재하겠다고 결정하였는지 알 수는 없다. 다만 이 소식을 알려주면서, 필자 추천을 부탁해 온 서재영 편집위원의 주문은 "힌두교와 불교 둘 다 잘 아는 분으로 추천해 달라"는 것이었다. 그래야만 "불교적인 입장을 살리면서, 불교와의 관련성을 부각하는 쪽으로 서평이 가능할 것이라"는 이야기였다. 후자의 실현을 위해서 전자의 조건을 갖춘 필자를 찾아달라는 것이었다. 『불교평론』이 불교의 평론임을 생각한다면 충분히 이해할 수 있는 주문이 아니겠는가.

사실 우리 선생님들—인도철학 1세대—은 모두가 불교를 하시다가 인도철학으로까지 범위를 넓힌 분들이어서, "인도철학과 불교를 함께 한다"는 인불공학(印佛共學) 내지 "인도철학과 불교를 함께 생각한다"는 인불공관(印佛共觀)은 기본적 학문방법론이었다고 볼 수 있다. 그러나 요즘은 반드시 그렇지만도 않은 것 같다. 우리 학과(동국대 대학원 인도철학과)에서도 인도철학—불교를 제외한 좁은 의미에서의 인도철학—만 공부하고 연구하거나, 아니면 불교—인도불교—만을 공부하거나 하는 경우가 더 많은 것 같다. 그런 까닭에 서평자를 찾아서 추천하는 것은 그다지 넓은 선택지 속에서의 고뇌를 필요로 하는 일은 아니었다.

심준보 선생. 내가 추천한 분이다. 심준보 선생은 전공으로 말하면 힌두교의 탄트리즘(Tantrim)—특히 시바파(Śaivism)철학—이라고 할 수 있다. 그렇지만 학부를 불교학과에서 했고, 석사논문은 불교의 오신채(五辛菜)에 대해서 썼다. 그리고 "백화도량" 법사를 역임하는 등 불교계에서도 많은 활약을 하신 분이다. 그래서 적임자로 판단된 것이었다.

그런데 나는 심준보 선생의 서평, 「해석 관점의 차이에 대한 비판과 회통」(『불교평론』 제63호, 2015)을 읽기 전부터, "내가 만약 『바가바드기타의 철학적 이해』에 대해서 서평, 즉 자평이라도 쓰게 된다면 무슨 이야기를 할까"라는 생각을 해보게 되었다. 어떻게 쓸 것인가? 어떤 이야기를 할 것인가? 특히, 겉으로 보았을 때, 즉 드러난 문면(文面)으로만 본다면 전혀 불교적인 이야기를 하지 않았던 글들을 앞에 놓고 어떻게 불교와의 관련을 지을 것인가? 이런 생각을 지속적으로 해보게 되었다.

심준보 선생의 서평에서는 이 책의 의미를 평가하면서도 아쉬웠던 점도 토로하고 있다.

> 이 책에서 아쉬웠던 점은 이와 같은 『바가바드기타』의 역사적, 사회적 맥락을 다루어 이 문헌의 성격 이해와 그리고 샹카라와 틸락의 해석이 가진 특징을 보다 깊이 이해할 수 있는 기회를 제공하지 못한 점이다.(367쪽)

서평자로서는 당연히 지적할 만한 이야기였다. 책의 제목이 잘 말해주는 것처럼, 『바가바드기타의 철학적 이해』는 『기타』에 대한 해석학자로서 하나의 철학적 이해의 사례를 내보이는 데 목적이 있었지, 『기타』 성립의 역사적, 사회적 맥락이나 샹카라나 틸락의 해석이 나올 당시의 역사적, 사회적 맥락을 연구한 연구서는 아니었다. 솔직히 말하면, 나는 역사에는 그다지 능하지 못한 사람이다. 어쩌면 관심사가 아닌지도 모른다. 물론 나 역시 역사에 대해서 글을 쓰고 사유를 하기도 한다. 그러나 그럴 때조차, 나는 언제나 역사를 '철학'하고자 한다. 그렇기 때문에 심준보 선생이 비판한 것처럼, 그런 약점은 부각될 수밖에 없는지 모른다.

그렇다고 해서, 그 일이 내가 해야 할 일이라고 생각하지는 않는다. 내가 볼 때, 오늘날 "인도철학을 한다"는 것은 대부분 그러한 역사적 연구가 아니었던가. 인도철학에 대한 철학사적 연구 말이다. 그런 점에서 오히려 나의 공부는 "인도철학을 연구한다"기보다는 그냥 "인도철학을 (철학)한다"고 말할 수 있을지도 모르겠다. 그래서 심준보 선생이 지적한 부분의 연구는 나보다는 다른 학자들이 극복하거나 보충해주기를 바랄 수밖에 없다. 어쩌면 우리가 몰라서 그렇지, 외국의 어떤 학자들은 이미 다 해명해 놓았는지 알 수 없다.

이 점을 분명히 하는 이유는, 지금 내가 쓰고 있는 이 글이 심준보 선생의 서평에 대한 대답 내지 반론으로 기획된 것이 아님을 밝히기 위해서이다. 이 글을 시작하면서 밝힌 것처럼, 『불교평론』으로부터 받은 서평-저자에게 청하는 서평은 있을 수 없지만-이 나에게 왔다고 생각하고, 그 서평을 써보려는 것일 뿐이다. 이는 심준보 선생의 서평에 대한 답변이 아니라, 심준보 선생의 서평 대신, 그 서평이 하지 못한 이야기를 대신해서 해보고(代理), 또 보충(補充)하려는 것이다.('대리'와 '보충'은 데리다의 말이다. 상호텍스트성을 잘 드러내는 말이므로, 빌려서 쓴 것이다.)

이는 곧 평생 불교인으로, 불교학자로, 불교철학자로 살아온 나/저자의 배경-컨텍스트-이 어떻게 『바가바드기타의 철학적 이해』와 관련하는가를 물어보고 답해보려는 것이다. 다시 말하면, 가능하면 불교와 관련짓지 않고서 힌두교 철학 안에서만 『기타』를 논의한 책 『바가바드기타의 철학적 이해』가 도대체 어떻게 불교와 관련되는가 하는 점을 문제로 삼는다.(사실, 서평자 심준보 선생은 바로 이 점 때문에 참으로 고생을 많이 하셨다. 그 점에 대해서 깊이 감사드린다.)

그 점을 밝히는 것은 바로 불교인으로, 불교학자로, 불교철학자로 살아온 나와 인도철학-힌두교-과의 관련양상을 밝히는 일일 수도 있을 것이다. 내가 왜 인불공학을 하는지, 왜 인불공관을 부르짖는가를 정리하는 일이 될 것이기도 하리라.

2. 『바가바드기타의 철학적 이해』와 불교

『바가바드기타의 철학적 이해』에서 문제로 삼는 것은 간단하다. 과연 "『기타』의 주제는 무엇인가"라는 점이다. 도대체 『기타』라는 책은 무엇을 가장 중점적으로 말하는 것인가? 이 물음을 문제 삼는 것이다.

그런데 이렇게 간단해 보이는 문제가 하나의 문제로서 새삼 제기되는 것은 『기타』의 주제론을 둘러싸고 오랜 동안 다양한 의견이 있어왔기 때문이다. 18장 700송으로 이루어져 있는 『기타』라는 책에는 다양한 가르침이 설해지고 있는데, 크게 세 가지 길이 설해지는 것으로 말해진다. 지혜, 행위, 그리고 믿음이다.

이렇게 세 가지 길이 설해지고 있는데, 그 중에서 정녕 『기타』의 주제라고 할 만한 것은 무엇인가 하는 점이다. 종래의 주석가들 사이에서도 다양한 의견이 제시되어 있었다. 가장 대표적인 인물은 샹카라(Śaṅkara, 700~750)이다. 그는 단연코 "기타의 주제는 지혜이다"라고 말한 것이다. 지혜 중심의 해석을 행하였다. 그의 해석에서 문제가 되는 것은 행위와 믿음을 소홀히 한다는 것이다. 그것은 아무래도 지혜보다는 낮게 평가되고 마는 것이다.

그 뒤에 라마누자(Rāmānuja, 1017~1137)와 마드바(Madhva, 1199~1276)와 같은 해석자는 『기타』의 주제는 믿음이라 말한다. 신에 대한 절대적인 믿음에 의해서 해탈하라는 가르침이 『기타』가 제시하는 것이라는 입장이다. 한편 행위가 『기타』의 주제라는 것은, 근대 인도에 이르러서 제시된다. 가장 대표적인 인물이 틸락(B.G.Tilak, 1856~1920)이다. 틸락은 분노한다. 이전의 여러 주석가들의 해석은 말도 안 된다고 한탄한다. 그리고 그 스스로 행위를 『기타』의 주제로 파악하는 새로운 해석을 제시한다.

내가 『바가바드기타의 철학적 이해』에 실린 5편의 논문을 쓰기 전 상황은 이러했다. 종래의 세 가지 입장 중에서, 나는 샹카라와 틸락을 집중적으로 살펴보고 또 양자를 비교하였다.(믿음에 대해서는 또 다른 저술로 미루고자 했다. 그때는 간디의 해석이 중심이 될 것이다.) 먼저 샹카라의 지혜 중심 해석을 틸락의 관점에 의지하면서 함께 비판했다. 그렇다고 한다면, 나는 과연 틸락의 해석에는 공감했던 것일까? 그렇지는 않다. 부분적으로 공감하고, 부분적으로 공감하지 않았다. 그렇기에 다시 틸락의 행위 중심 해석을 또 비판하지 않을 수 없었다. 샹카라와 마찬가지로 틸락 역시, 믿음을 고려하지 않았기 때문이다.

이러한 과정을 통해서, 나는 『기타』의 주제를 바라보는 나의 관점 하나를 제시하거나, 아니면 적어도 암시하고자 하였다. 지혜,

행위, 그리고 믿음 이 세 가지는 다 『기타』의 주제와 관련된다는 것이었다. 이를 나는 삼도회통(三道會通)이라 말한다. 인도의 해석자들 중에서 이러한 입장을 취하는 이가 간디(Mahatma Gandhi, 1869~1948)와 오로빈도(Aurobindo Ghose, 1872~1950)라 본다. 내가 앞에서 "암시하거나"라는 말을 쓴 것은, 이러한 입장은 『기타』의 믿음에 대한 나의 연구를 책으로 편집하게 될 때 비로소 다 드러날 것이기 때문이었다. 그런데 이 책의 범위는 거기까지 미치는 것이 아니기 때문에 "암시하거나"라고 하였던 것이다.

『기타』의 주제에 세 가지가 다 관련된다는 것은 어떤 양상을 말하는 것일까? 첫째는 지혜와 행위의 관련성이다. 내가 『기타』에 대해서 처음으로 쓴 논문이 바로 이러한 주제와 관련한 것이었다. 「바가바드기타의 카르마 요가에 대한 윤리적 입장」(인도철학 제2집, 1992)이라는 논문이 바로 그것이다. 지혜에 기반하여 행위하는 것, 즉 지혜와 행위의 회통의 모습을 확인하고자 하였다. 『기타』에 이러한 측면이 보인다는 것은 누구나 쉽게 알 수 있다. 그보다 좀 더 세밀하게 살펴보아야 보이는 것이, 믿음에 기반하여 행위하는 것, 즉 믿음과 행위의 회통의 모습이다. 틸락의 경우, 행위에 대한 강조를 지나치게 하느라 이러한 측면을 놓치고 있다. 그 반면 간디는 이러한 측면을 보고 있다.

이쯤해서 독자들은 의문을 제기할지도 모르겠다. 그것이 뭐 그렇게 중요하냐고 말이다. 아무렴 어떤가, 이렇게 생각할지도 모른다. 어쩌면 그럴지도 모른다. 그런데 내게는 그렇지 않았다. 지혜가 가장 중요한 것이라고 생각하여 『기타』로부터 그러한 점에서 지지를 얻으려고 한다면, 내가 해야 할 일은 "지혜"를 얻어야 하는 것 아닌가.(내게는 삶과 분리된 학문만을 하는 것은 불가능하다. 앎과 삶, 학문과 삶의 일치가 늘 소망의 대상이었다.) 그리고 그러기 위해서는 참선이나 명상에 매진해야 한다. 샹카라가 말하듯이, 모든 세속적인 행위를 다 포기하고 출가하는 것이 좋다. 불교 역시 지혜나 깨달음, 혹은 출가를 중요시하지 않던가. 이러한 측면이 없지 않다. 아니, 지금의 한국불교도, 혹은 내가 이러한 문제를 고민하던 90년대에도 우리 불교는 이러한 측면에 대해서 강조(지나친 강조?)를 해왔던 것 아닌가? 오늘날에도 일각에서 제기되는 "깨달음 지상주의"라는 비판 역시 이러한 맥락과 연결되는 문제인 것이다.

그런데 나는 이 지혜의 길 하나만을 선택해서 올인(all in)해야 한다는 입장을 내 스스로의 입장으로 받아들일 수 없었다. 지금도 그러한 입장에는 변함이 없다. 여기에는 내 나름으로 인간을 생각하는 관점이 투영되어 있다. 인간이란 어떤 존재인가? 이러한 질문에 대해서, 나는 이렇게 대답한다. 인간은 인간 스스로와의 관계 속에서 존재하는 존재이면서, 동시에 다른 존재-인간은 물론, 동물 생태계까지 포함하는-와의 관계 속에서도 존재하는 존재이다. 이 두 가지 관계를 다 고려하는 존재가 되어야 한다고 말이다. 전자는 대자(對自)의 존재이고, 후자는 대타(對他)의 존재이다. 선이나 깨달음, 혹은 지혜만으로 좋다고 하는 그러한 입장은 대자적 측면은 만족시켜줄 수 있지만, 대타적 측면은 만족시켜 줄 수 없는 것 아닌가. 대타적 측면에서 타자와 관계맺는 것은 행위를 통해서이고, 사랑/자비를 통해서일 것이다. 대승불교에서 보살행을 말하는 것도 바로 이 차원이다. 그렇다고 해서, 대타적 행위만 있고 대자적 차원의 수행-깨달음, 그리고 지혜-은 없어도 좋을까? 아니다. 대타적 차원에서만이 아니라 대자적 차원의 문제도 해결하지 않고서는 인간은 결코 행복할 수 없다고 생각하기 때문이다.

이러한 조화가 가능한 것을 어디서 어떻게 찾을 수 있을까? 불교 안에서만 본다면, 대자적 차원의 문제를 해결하는 것으로는 선(禪)이 있다. 지금은 정토 역시 가능한 것-선보다는 오히려 정토 쪽에 의지하고 있지만-으로 생각하지만, 90년대만 해도 나는 오직 선만을 생각했다. 그리고 대타적 차원의 행위의 문제는 대승불교의 보살행, 특히『화엄경』에서 설하는 보살행에 의존해야 한다고 생각한 것이다. 그런데 대자와 대타를 둘 다 갖추어야 하는 것처럼, 선과 화엄을 공유하고 함께 살려나가는 불교가 나에게는 '정답'이었던 것이었다. 그리고 그것은 바로 보조지눌(普照知訥, 1153～1210)의 선사상이 그러하였다. 보조선 안에 선과 함께 화엄이 있었기 때문이었다. 한암(漢岩, 1876～19511)스님을 좋아한 것 역시 그런 이유에서였다. 스님은 보조스님을 계승하면서, 선과 함께 화엄을 공유했기 때문이었다. 내게는 그러한 지평이 필요했던 것이다. 그것이 90년대 초반에 형성된 나의 불교관이었다. 이를 처음에는 선엄일치(禪嚴一致)라고 이름하였지만, 학위논문-그것을 책으로 낸『대승경전과 선』(민족사, 2002)-에서는 "화엄선"이라 불렀다. 그것은 나의 불교에 대한 명명(命名)이었다.

나는『기타』를 본격적으로 이야기하기 전에 이미 이러한 불교관을 정립해 놓고 있었다. 1987년에서 1992년 사이에 보조사상연구원의 간사를 하면서였다. 보조스님과 한암스님의 공부를 통해서였다. 이러한 나의 불교관을 하나의 해석학적 선이해(先理解)로 삼아서 바라다 본 것이 바로 『기타』였다. 아니, 바라다 볼 수밖에 없었다. 내가 불교에서 고민하면서 정리한 문제와 답이 『기타』에도 있었기 때문이었다. 『기타』에는, 앞에서 말한 세 가지 길이 착종(錯綜)된 채 설해지고 있었던 것이다. 나는 이미 불교 안에서 나름의 해답을 찾았고, 정리했지만 다시 한 번 더 이러한 작업을 힌두교 안에서 행하고 싶어졌다. 그것은 단순한 반복이 아니다. 반복을 넘어서 강화(强化)이다. 그것이 바로 『기타』에 대한 나의 초기연구였다. 그리고 그 결과의 일부가 『바가바드기타의 철학적 이해』 속으로 편집되고 정리된 것이다.

물론 세월과 함께 사람의 생각도 바뀌게 마련이다. 어쩌면 세월과 함께 조금은 공부가 익어갔기 때문일지도 모른다. 특히 정토신앙에 대한 눈을 뜨면서, 『기타』를 바라보는 데 있어서도 믿음(bhakti)을 중시하게 되었다. 그런 경우에도 믿음과 행위를 관련시켜서 생각하는 방법론은 잃지 않고 있다. 물론 이러한 연구는 아직 미완성이다. 그런 까닭에 몇 편의 성과물을 발표했지만, 역시 『바가바드기타의 철학적 이해』에는 편집되지 못했다. 장래를 기약할 수밖에 없다.

그러나 그런 경우에도 '행위'로 나아가는 그 방향성만은 잃지 않는다. '지혜에서 행위로', 그리고 '믿음에서 행위로'라는 방향 말이다. 우리가 상식적으로 생각할 때, 불교의 정토신앙은 '나무아미타불' 염불을 통해서 극락에 가는 신앙이라고 본다. 틀린 말이 아니다. 그러나 그것이 다는 아니다. 그것은 절반에 불과하다. 바로 그렇게 정토세계로 가는 방향을 왕상회향(往相廻向)이라 하고, 극락에서 다시 돌아와서 중생을 제도하는 것을 환상회향(還相廻向)이라 한다. 극락에 가는 것이 끝이 아니다. 다시 돌아와야 한다. 그리고 중생을 제도해야 한다. 이는 범부중생의 입장에서 볼 때 그렇다는 것이다. 아미타불의 입장에서 본다면, 아미타불은 언제나 환상회향을 보여주고 있을 뿐이다. 그것이 중생구제행이다.

『기타』에서 말하는 행위, 즉 카르마 요가와 정토신앙에서 말하는 환상회향의 관련성이나 유사성에 대해서는 앞으로의 과제로 남겨둔다고 하더라도, 우리가 여기서 확인할 수 있는 것은 대자적 차원의 선–지혜–이나 정토신앙–믿음–은 공히 모두 행위의 문제와 연결된다는 것이다.

그 행위의 문제를 『기타』의 핵심적인 주제로서 부각한 것이 『바가바드기타의 철학적 이해』라고 한다면, 그 행위의 문제 안에서 좀 더 구체적으로 전쟁과 폭력, 권력과 탈권력의 문제를 사회윤리–내지 사회철학, 더 나아가서 정치철학–의 영역에서 세밀하게 다루고자 한 것이 이 책 『힌두교와 불교–바가바드기타의 불교적 이해–』에 실은 4편의 논문들이다.

3. 아직도 남아 있는 문제

행위의 문제는 곧 우리 삶의 문제이다. 어떻게 살 것인가? 이 물음은 바로 행위의 문제이고, 그것은 또 윤리의 문제이다. 나는 바로 이 지점에 서 있다. 인도철학이나 힌두교 연구자들이 국내에서만도 적지는 않지만, 이렇게 윤리학, 사회철학, 내지 더 나아가서 정치철학의 문제를 자신의 철학적 주제로 삼아서 사색하고 글쓰기를 하는 동학(同學)을 나는 아직 알지 못한다. 나 혼자인 것 같다. 그래서 외롭다. 그러나 그 외로움은 껴안고 가야 할 외로움이지, 거부해야 할 외로움은 아니다. 바로 그 외로움 위에다가 내 학문의 집을 지어야 하고, 내가 살아가야 하기 때문이다.

많은 국내외의 연구자들에게 『기타』는 이제는 더 이상 연구의 손길을 필요로 하는 영역이 아닌 것으로 생각되는 것 같다. 별로 연구를 하지 않는다. 그런데 나는 아직 『기타』를 좀 더 두고 생각해야 하고, 사색해야 한다. 그것은 해석학자들이 흔히 갖기 쉬운 편집증(?) 때문이기도 하지만, 그 행위의 문제나 삶의 문제는 그야말로 살아있는 이상 놓을 수 없는 화두이기에 그런 것이 아닐까. 그래서 나는 오늘도 묻고 있다. 어떻게 살 것인가? 어떻게 행위 할 것인가?

(2016년 1월 3일)

| 참고문헌 |

Ⅰ. 동양 언어

1. 원전

Dhammapada(『佛說法句經』).

『금강반야바라밀경(金剛般若波羅蜜經)』, 대정장 8.

『남전대장경』 4.

『대방편불보은경(大方便佛報恩經)』, 대정장 3.

『대보적경 대승방편회(大寶積經 大乘方便會)』, 대정장 11. 티벳역은 東北 82.

『불설부모난보경(佛說父母難報經)』, 대정장 16.

『불소행찬(佛所行讚)』, 대정장 4.

『사분율(四分律)』, 대정장 22.

『십송율(十誦律)』, 대정장 23.

『대반열반경(大般涅槃經)』, 대정장 12.

『육조대사법보단경(六祖大師法寶壇經)』, 대정장 48.

『삼국유사(三國遺事)』, 한불전 6.

『혜상보살문대선권경(慧上菩薩問大善權經)』, 대정장 12, 티벳역은 東北 261.

2. 2차 자료

길희성. 「민중불교, 선, 그리고 사회윤리적 관심」, 『종교연구』 제4집. 서울 : 한국종교학회.

김지방 2007. 『정치교회』. 서울 : 교양인.

김호성 1990. 「보조선의 실재론적 경향과 그 극복」, 『동서철학연구』 제7호. 대전 : 한국동서철학회.

—— 1991. 「보조선의 사회윤리적 관심」, 『동서철학연구』 제8호. 대전 : 한국동서철학회.

—— 1992. 「바가바드기타에 나타난 카르마요가의 윤리적 조명」, 『인도철학』 제2집. 서울 : 인도철학회,

—— 1996. 『방한암선사』. 서울 : 민족사.

—— 1997. 「권력, 인간의 마지막 욕망」, 『대중불교』 1997년 3월호. 서울 : 대원정사.

——— 1998a. 「'저자의 부재'와 불교해석학」, 『불교학보』 제35집. 서울 : 동국대 불교문화연구원.
——— 1998b. 「전통적 불교학의 방법론에 나타난 현대적 성격」, 『가산학보』 제7호. 서울 : 가산학회.
——— 2000a. 「바가바드기타의 윤리적 입장에 대한 비판적 고찰」, 『종교연구』 제19집. 서울 : 한국종교학회.
——— 2000b. 「불교의 여성관 정립을 위한 해석학적 모색」, 『불교학의 해석과 실천』. 서울 : 불일출판사.
——— 2001. 「힌두교 전통에 비춰본 불교의 孝문제」, 『인도철학』 제11집 제1호. 서울 : 인도철학회,
——— 2002a. 「미망사와 불교의 비교해석학」, 『한국종교사연구』 제10호. 익산 : 한국종교사학회.
——— 2002b. 『대승경전과 禪』. 서울 : 민족사.
——— 2002c. 「バガヴァッド・ギーターと大乘涅槃經における暴力/戰爭の正當化問題」, 『韓國佛教學Seminar』 第9號. 東京 : 韓國留學生印度學佛教學研究會.
——— 2003a. 「Arjunaの懷疑に見られる意味」, 『印度學佛教學研究』 52-1. 東京 : 日本印度學佛教學會.
——— 2003b. 「'정의의 전쟁'론은 정의로운가」, 『한국동서철학연구』 제28호. 대전: 한국동서철학회.
——— 2004. 「바가바드기타를 읽는 틸락의 분석적 독서법」, 『종교연구』 제35집. 서울: 한국종교학회.
——— 2006a. 「아르주나의 회의와 그 불교적 의미」, 『종교연구』 제42집. 서울 : 한국종교학회.
——— 2006b. 「미야자와 겐지(宮澤賢治)와 국주회」, 『일본불교사공부방』 제2호. 서울 : 일본불교사공부방.
——— 2007a. 「정의로운 전쟁은 없다」, 『일본불교의 빛과 그림자』. 서울 : 정우서적.
——— 2007b. 『일본불교의 빛과 그림자』. 서울 : 정우서적.
——— 2008a 『불교, 소설과 영화를 말하다』. 서울 : 정우서적.
——— 2008b. 「정혜결사와 헤이케 이야기(平家物語)」, 『일본불교사공부방』 제5호. 서울 : 일본불교사공부방.
——— 2009a. 『불교해석학 연구』. 서울 : 민족사.
——— 2009b. 「두 유형의 출가와 그 정치적 함의」, 『인도철학』 제26집. 서울 : 인도철학회.
——— 2010. 「불교화된 효(孝)담론의 해체」, 『무심보광스님화갑기념논총 불연록』.

성남 : 여래장.
——— 2015a. 『바가바드기타의 철학적 이해』. 서울 : 올리브그린.
——— 2015b. 「출가정신의 국제정치적 함의」, 『동아시아불교문화』 제24집. 부산 : 동아시아불교문화학회.
德永宗雄 2002. 「平安の巻と水供養(udakakriyā)」, 『東方學』. 東京 : 東方學會.
——— 2006. "Buddhacarita and Mahābhārata : A New Perspective", Journal of Indological Studies.
롤랑 바르트 1997. 김희영 옮김, 『텍스트의 즐거움』. 서울 : 동문선.
望月良晃 1988. 『大乘涅槃經の硏究』. 東京 : 春秋社.
三石善吉 1993. 『中國の千年王國』. 최진규 옮김, 『중국의 천년왕국』. 서울 : 고려원.
石井米雄 1982. 「上座部佛教文化圈における千年王國運動硏究序說」 ; 鈴木中正 編, 『千年王國的民衆運動の硏究』. 東京 : 東京大學出版會.
松尾剛次 2005. 김호성 옮김, 『인물로 보는 일본불교사 お坊さんの日本史』. 서울 : 동국대학교 출판부.
신중섭 1989. 「폭력 사용의 정당화 문제」, 『현대사회와 윤리』. 서울 : 서광사.
심재룡 1990. 「인도 고전 해설 : 바가바드기타의 묘수 풀이」, 『동양의 지혜와 선』. 서울 : 세계사.
鈴木學術財團 1987. 『梵和大辭典』. 東京 : 講談社 .
오찬욱 2006. 『헤이케 이야기(平家物語)』. 서울 : 문학과 지성사.
원영상 2008. 「일련주의의 불법호국론과 국체론」, 『근대 동아시아의 불교학』. 서울 : 동국대학교 출판부.
이거룡 2010. 「바가바드기타(Bhagavadgītā)의 보편성」, 『인도철학』 제29집. 서울 : 인도철학회.
이자랑 2014. 「세속오계의 '살생유택계'와 원광의 계율관」, 『한국사상사학』 제47집. 서울 : 한국사상사학회.
이재숙, 이광수 1999a. 『마누법전』. 서울 : 한길사.
이재숙 1999b. 「마누법전의 다르마」, 『인도연구』 제4호. 서울 : 한국인도학회.
荻原雲來 1971. Bodhisattvabhūmi. 東京 : 山喜房佛書林.
田村芳朗 1993. 이원섭 옮김, 『열반경의 세계』. 서울 : 현암사.
정호영 1988. 『인도사상의 역사』. 서울 : 민족사.
下田正弘 1993. 『藏文和譯大乘涅槃經』. 東京 : 山喜房佛書林.
황필호 1986. 『비폭력이란 무엇인가』. 서울 : 종로서적.

II. 서양언어

1. 원전

A. Kuppuswami 1983. *Bhagavadgītā*. Varanasi : Haukhambha Orientalia.

B.G.Tilak 2000. B.S.Sukthankar, tr., *Srimad Bhagavadgītā-Rahasya or Karma-Yoga-Śāstra*. Poona : Kesari Press.

E.H.Johnston 1984. *Buddhacarita or Acts of the Buddha*. Delhi : Motilal Banarsidass.

I.C.Sharma & O.N.Bimal 2004. *Mahābhārata* VII. Delhi : Parimal Publications.

M.K.Gandhi 1927. *An Autobiography or the Story of my Experiments with Truth*. Ahmedabad : Navajivan Trust.

——— 1969. "Discourses on the Gita", *Collected Works of Mahatma Gandhi 32*.

——— 1994. "Meaning of the Gita", *Collected Works of Mahatma Gandhi 28*.

——— 1998. *M.K.Gandhi Interprets The Bhagavadgita*. Delhi : Orient Paperbacks.

R.C.Zaehner 1976. *The Bhagavadgita*. London : Oxford University Press.

R.N.Minor 1982. *Bhagavadgītā* ; An Exegetical Commentary. Heritage : Heritage Publishers.

S.Radhakrishnan 1976. *The Bhagavadgita*. London : George Allen & Unwin.

W.Sargeant 1984. *The Bhagavadgītā*. Albany : State University of New York.

2. 2차 자료

A.Sen 2005. *The Argumentative Indian*. London : Penguin Books.

——— 2006. *Identity and Violence The Illusion of Destiny*. London : Penguin Books.

F.Tola & C. Dragonetti 2001. "Buddhisim and Justification of Violence",『法華文化研究』 제27호. 東京 : 立正大學 法華經文化研究所.

J.R.Gardener 1998. *The Developing Terminology for The Self in Vedic India*. Iowa City : The University of Iowa.

K.N.Upadhyaya 1969. "The Bhagavadgītā on War and Peace", *Philosophy East & West* 19-2.

M.M. Deshpande 1995. "Preface" : Satya P. Agarwal, *The Social Message of the Gita*. Delhi : Motilal Banarsidass.

O.N.Krishnan 2005. *Hindutva or Dhammatva?* New Delhi : Asian Publication Services.
R.A. Berg 1985~1987. "The Bhagavadgītā on War : The Argument from Literature", *Journal of Studies in the Bhagavadgītā* 5~7.
R.N.Minor 1980. "The Gita's Way as the Only Way", *Philosophy East & West*. 30-3.
S.Anand 1985. "The Opening Verse of the Gita", Annals BORI, LXVI. Poona : Bandharkar Oriental Research Institute.
S.Monier-Williams 1960. *Sanskrit English Dictionary*. Oxford : The Clarendon Press.
S.P.Agarwal 1997. *The Social Role of The Gītā*. Delhi : Motilal Banarsidass.

|찾아보기|

【가】
가다머(H.G.Gadamer)/39
가리왕(歌利王)/148
가문의 법도/173
가부장적 종법(宗法)/43, 83
가부장제/43, 44, 60, 83, 182, 183
가부장제의 극복/182
가부장제적 성격/182
가상현실/40
가족/43, 44, 66, 79, 83, 172, 173, 174
가족의 법도/43, 66, 79, 173
가주기(家住期)/49, 85, 166, 170, 172, 173, 174, 179, 180, 181, 182, 183, 184, 185, 187, 188, 189, 198
개신교/157, 158
개인윤리/19, 118, 153
갸냐 요가(jñāna-yoga)/37, 38, 51, 125
걸병표(乞兵表)/61
결과주의/91
결사운동/117
계급윤리/65
계급의 의무/57, 81, 82, 85, 88, 98, 109, 120, 153, 173~175, 178, 180
계시서/186
『고려사절요』/190
고행/131, 185
공(空)사상/154
공관/5, 111, 143, 178, 204, 207
공명당(公明黨)/192~196
과목(科目)/51, 52, 77~79, 97, 110, 134, 139
관음신앙/28
교단사/147, 150
교설 부분/169
국가주의/136, 147
국주회(國柱會)/146, 192, 195
권력/6, 46~49, 61, 66, 82~83, 86, 103, 108, 127, 129, 150, 155~156, 161, 163~166, 168~169, 171, 176, 181, 184~185, 187~189, 191, 194, 196~199, 213
권력과 탈권력/156, 213
권력관계/48
권력에의 의지/48
권력에의 포기/48
권력욕/47~48, 164, 196
권력의 길/49, 165, 185, 189
권력의 담론/46, 164
권력의 동물/47, 164
권력의 무상함/47
권력의 본질론/188
권력의 이율배반/165
권력 지향/188
권력화/196
권선징악/123, 153
근대 천황제/146
근대화/159
근본주의자/195
『금강경』/62, 125, 149
금강불괴(金剛不壞)/140
금강신(金剛身)/111~113, 133~134, 137, 143~145, 147~149, 150, 152~154, 196
금강신품(金剛身品)/111
금계(禁戒, yama)/130
기독교/6, 129, 141, 155, 157, 194, 197, 199
기독교적 종말사관/141
기독당/157~159, 190, 197
기독민주당/157
기의(記意)/73

『기타 라하스야(*Gītā Rahasya*)』/75, 119
기표(記標)/73
길희성/64
깨달음/23~25, 65, 146, 178, 186, 190, 210~211
깨달음 지상주의/210

【나】
나무아미타불/28, 186, 212
『능가경』/133
니체(Friedrich Nietzsche)/48
니치렌(日蓮)/192~193, 195
니치렌 불교/195

【다】
다나카 치카쿠(田中智學)/146, 192
다르마/47, 79, 81, 83, 109, 119, 141, 153, 164, 170, 172, 180, 182~184, 186
다르마의 구현/47, 164
다무라 요시로(田村芳朗)/145
담무참(曇無讖)/111, 139, 142, 149
대리/206
대승불교/24, 25, 104, 130, 132~133, 141, 186, 210~211
『대승열반경』/103~105, 111~113, 132~136, 140~143, 147~150, 152~154, 196
대승의 난/112
대자(對自)/210
대타(對他)/210
대타적 행위/211
데리다/206
도쿠나가 무네오(德永宗雄)/167~168, 172
독단론/50
독서법/33~34, 40, 68, 125~126, 148
돈오(頓悟)/24
두료다나(Duryodhana)/36, 47, 123
드라우파디/167, 169
드르타라쉬트라(Dhṛtarāṣṭra)/36, 45, 72, 83, 87

【라】
라다크리쉬난(S.Radhakrishnan)/77
라마누자(Rāmānuja)/72, 161, 208
리그베다/54

【마】
『마누법전』/85, 109, 131, 170~172
마다바/83
마두수다나/42, 86, 116
마드바(Madhva)/72, 208
『마하바라타』/36~37, 40, 46~47, 71, 74, 84, 98, 109, 115, 123, 129, 156, 160~162, 164, 166~170, 179, 189, 192, 197~198
『마하승기율』/136
마하트마 간디/19, 20, 22, 27~29, 35, 45~46, 61, 74, 89, 90~91, 105, 110, 115~119, 131~132, 143, 208~209
말법사관/141
말세 관념/128
명상(jñāna)/177
명예욕/47~48
모치즈키 료코(望月良晃)/148
몽둥이(daṇḍa)/112, 138, 142, 168, 186, 187, 198
무기설/50
무사 계급/57, 65, 67, 81, 109, 110, 124, 136
무사도(武士道, kṣatradharma)/57, 58, 60, 65, 67, 167, 169~170, 174
무상(無常)/156
무상감(無常感)/83~84, 98
무상론(無常論)/181
무소유/131
무주상보시바라밀/62
무집착의 윤리/62, 65, 67~68, 176, 178
무집착의 행위/49, 122, 140, 166
문명의 충돌/108
문학적 알레고리(allegory)/110, 143, 144
문화상대주의/109

민족주의/136~147
민주주의/42, 91
민주화/159, 194
믿음(bhakti)/28, 177, 212
믿음의 길/28, 37

【바】
바가바드기타의 철학적 이해/4, 203~208, 212~213
바르트(Roland Barthes)/48
박티 요가(bhakti-yoga)/37~38, 51
방법론/4~5, 24, 26, 40, 52, 68, 76~77, 85, 97, 110~111, 125, 128, 145, 152, 154, 169, 204, 212
백화도량/28, 204
『범망경』/133
범행(梵行, brahmacharya)/131
『법구경/21~22, 71, 97, 100, 107
법사/58, 138, 141, 148, 204
『법화경』/191, 192, 195
법화종/193, 195
베다/54, 172~173
베단타/75
병렬복합어/124
보살계/58~60
보살도/178
보살행/24, 210~211
보수교회/157
보시/62, 64, 125, 130, 167, 169
보조지눌(普照知訥)/24, 26, 191, 211
보충(補充)/71, 156, 206
보편적 텍스트/126
보현행/178
본래면목의 길/49, 165
부루나/148
부시/54, 151, 186, 193
부파불교/136, 142
불교논리학/135, 144
불교연합당/158
불교와 폭력의 정당성/111
불교의 생명관/154
불교의 윤리관/154
불교의 출가/49, 84, 98, 156, 159~161, 166, 190, 198~199
불교적 가치관/18, 99
불교적 이상주의/99
불교평론/203, 204, 206
불교화/41
불사선불사악(不思善不思惡)/123
불사음/131
불살생계/59, 130, 132~133, 135, 139, 154
불성(佛性)/113, 145, 147, 149, 150, 154
불식육(不食肉)/132
불요의경/150, 154
불음주/131
불전문학(佛傳文學)/155
붓다의 출가/47, 61, 147
『붓다차리타(佛所行讚)』/155~156, 160, 169, 178~180, 183, 187~188, 197~198
브라만(brahman)/25, 54, 90, 141
비노바 바베/27
비마/73
비베카난다/27
비쉬누(Viṣṇu)/20, 21, 36, 109, 114, 127, 189
비쉬마/36, 74, 197
비쉬마의 권(Bhīṣmaparva)/197
비야사(Vyāsa)/167
비폭력의 이념/45, 89, 97, 98, 115~116, 152
비폭력 지향/113, 116, 118
빔비사라/179, 183, 188

【사】
『사문과경(沙門果經)』/55, 56
사문주의(沙門主義)/179
사성계급/18
사중금(四重禁)/149
사회윤리/6, 21, 50, 65~66, 118, 213
사회철학/6, 213

산자야 /50
살생유택/59, 60
삼도회통(三道會通)/28, 209
삼매/63, 178
삼자야/72
삼정육(三淨肉)/132
상대주의/50, 94, 109
상좌부불교/141
상호텍스트성/206
상황윤리/59
새뮤얼 헌팅턴/108
생명(ātman)/174
샹카라(Śaṅkara)/72, 74, 161, 205, 207~208, 210
서분(序分)/52, 78
서사시/36~37, 40, 109, 115, 169
『서장(書狀)』/178
서재영/203
선(禪)/24, 26, 211
선과 행의 회통/26
선엄일치(禪嚴一致)/211
성스러운 의무/20, 92
성전/20, 23, 93, 104, 108, 112, 115, 152, 203
성화(聖化)/104, 106
세 가지 법인(法印)/182
세계 구제/129
세계의 종말/127
세계주의적/147
세계평화/136
세노오 기로(妹尾義郎)/195
세속오계/34, 58~59, 61, 217
세속주의/159, 160, 199
세속화/61
소승(小乘)/24
수공양/167~168
슬픔(悲哀)의 치유/84
승려대회/150
승리(vijaya)/171
『승만경』/186
승병(僧兵)/156, 191
시바파(Śaivism)/204
식민주의/156
신심불이론(身心不二論)/56
신의 출현/128~129, 140
신흥불교청년동맹/195
실존적 결단/42, 98, 118
심신이원론(心身二元論)/53
심재룡/38, 44, 46, 50~51
심준보/204~207
싯다르타/155, 169, 179~188, 196, 198
싯다르타의 출가의지/169

【아】

아르주나(Arjuna)/7, 20~21, 31, 33~38, 40, 41~46, 48~52, 57, 60, 66, 69, 70~82, 84~92, 95~99, 109, 113~120, 122~124, 141, 151, 155, 162~180, 197~198
아르주나의 회의/7, 21, 31, 33~34, 36~38, 40~42, 44~46, 48~52, 60, 66, 69,~72, 75~82, 84~86, 88~92, 95~99, 109, 113, 116, 118~119, 123~124, 151, 162~172, 174, 178, 180, 197~198
아마르티아 센/71, 90~91, 108
아미타불/28, 186, 212, 213
아봐타(avatar)/20
아비달마구사론/40
아쉬라마(āshrama)/84
아촉불(Akṣobhaya)/138
아트만(ātman)/25, 54
『아함경』/40
아힘사/35, 45~46, 48~49, 61, 66~67, 70~71, 79~80, 84, 86~89, 91, 96, 98, 105, 115,~118, 132, 136, 145, 153, 163, 166, 188, 198~199
아힘사의 공식/117
아힘사의 원칙/45~46
안계현/135
역사/61, 103~104, 114, 128~129, 191, 196, 205~206

염불참선무이론/29
영국 제국주의/27, 115
예루살렘/127
오계/10, 13, 34, 58~59, 61, 112, 130,~133, 135~137, 139, 142, 153
오로빈도(Aurobindo Ghose)/27, 209
오릿사(Orissa)/199
오무간죄(五無間罪)/149
오신채(五辛菜)/204
오지작법(五支作法)/135
왕권/41, 79, 82, 84, 98, 114, 164~165, 167, 171, 176, 187, 189
왕권(rājya)/171
왕법/61, 155~156, 159~161, 164~165, 167, 170~173, 178~179, 184, 186~192, 196, 198~200
왕불명합론/192
왕불일체론(王佛一體論)/156
왕상회향(往相廻向)/213
요가/7, 24, 37~38, 40, 44, 47, 50~51, 56, 62~65, 67, 75, 77, 79, 106, 112~113, 115, 120, 122, 124~126, 130, 134, 145, 148, 164, 167, 176~178, 185, 194~195, 209, 213
요가학파/130
요의경/150, 154
우파니샤드/26, 28, 54, 130, 131
원광(圓光)/58
원전의 무거움/145
원한의 악순환/107
원효(元曉)/50
위민(爲民)/42
유가(yuga)/127~128, 141
유교문화권/43
유교윤리/44, 59~60, 66~67
유대-그리스도교적 전통/127
유디스티라(Yudhiṣṭhira)/36, 71, 84~85, 98, 162, 165~169, 174~176, 198
유디스티라의 회의/84~85, 98, 162, 165~166, 168~169, 174~176, 198
『유마경』/186
유물론자/162
유심론/55, 56
유통분(流通分)/52
유행기(遊行期)/85
육사외도/67
『육조단경』/123, 186
육체의 소유주/54
윤리규범/130
윤리 의식/131
윤리적 의미/44, 50, 60
윤리학/5, 42, 54, 140, 214
율장/136
의무(dharma)/20, 49, 166, 170, 198
의무주의/91
의상(義相)/28, 139, 144
이거룡/56
이기주의/44
이단논법(二段論法)/123
이라크 전쟁/70, 95, 107, 193, 196
이명박(李明博)/199
이상성/96
이상주의 윤리/60, 61, 67
이욕행(離欲行)/62
이원적 분별/64
이자랑/59, 135, 136
이크찬티카/146
이타주의/44
인간화/43, 151
인도 독립운동/119
인도윤리학/54
인불공관(印佛共觀)/204
인불공학(印佛共學)/204
인생기(人生期)/179
일련종/193, 195
일련주의(日蓮主義)/146
일본불교/146, 156, 160, 189~190, 193
일본 제국주의/146, 192, 199
일연/61
일천제/148~150, 154

일천제불성불론/149~150
임서기(林棲期)/49, 85, 166, 170, 179, 181
임전무퇴(臨戰無退)/35~36, 57~60, 65, 67, 91, 169

【자】

자기 철학/115, 145
자비/65, 68, 94, 115, 133, 145~146, 152, 187, 210
자서전/132
자신의 의무/51~52, 57, 90, 110, 120
자이나/50, 96, 97, 130
재가적 의무/183
재가주의/84, 155~156, 159, 167~168, 170, 172, 174, 177~179, 185~186, 188, 198~199
재가주의적 수행법/186
저자의 의도/115
저항적 폭력/106
전륜성왕/189
전쟁과 폭력/148, 213
전쟁 포기/193
절복/145~146
『절요(節要)』/24
점수(漸修)/24
정교분리/157, 159~160, 199
정교일치/157, 159, 192
정당공격/22, 94
정당방위/20, 22, 87,~89, 93~94, 98, 107, 108, 153
정당정치/157, 178, 192, 197
정당한 폭력/20, 106, 112, 134, 148~150
정반왕/179~182
정법/112, 134~135, 137~141, 144~150, 153
정법 호지/134, 137, 139, 145
정의/20, 22, 47, 49, 57, 88, 92~98, 101, 103~106, 108, 110~111, 113, 115, 119, 120~123, 126~129, 136, 140~142, 144, 146, 148, 152~154, 164, 175~176, 180, 184, 196
정의의 전쟁/20, 47, 49, 57, 88, 92~94, 96~97, 103~105, 108, 110~111, 113, 115, 119~123, 129, 136, 141~142, 144, 146, 152~154, 164, 175, 196
정의의 타락/126, 128, 140
정의의 확립/127~128, 140, 153
정종분(正宗分)/52
정치/6, 42, 45, 48, 65, 94, 104, 112, 127, 155~157, 159,~161, 178, 186~199, 213~214
정치권력/127, 187, 196
정치사상사/112
정치이데올로기/189, 192
정치철학/6, 42, 213~214
정치체제/127
정토/28~29, 186, 193~194, 211~213
정토신앙/28~29, 186, 212~213
정혜결사/191, 216
제3의 길/43, 49
제관(祭官)/180
제도적 폭력/106
제정일치/191, 192
제행무상(諸行無常)/182
종교다원주의/109
종교의 이상/61, 153
종교적 정당화/60, 106~108, 126, 152
종교 편향/199
종말사관/129, 141~142
종말 의식/129
주제론/75, 169, 207
중도/56, 63, 70, 125
중생제도/190, 195~196
즉허현실(卽虛現實)/144
지계 비구/135, 141, 153
지복(至福)의 시대/127
지상낙원/127
지상의 권력/181, 197
지행회통(知行會通)/25~26
지혜(jñāna)/24

지혜와 행위의 회통/24, 27, 209
진리실천운동(satyāgraha)/116~117
진리실천자(satyagrahī)/117
진아(眞我, ātman)/53, 66~67
진정한 평화/70, 96, 106
질서(dharma)/20

【차】

차르와카(Cārvāka)/162
『찬도갸 우파니샤드(*Chandogya Upaniṣad*)』/130~131
참전/21, 63, 66, 68, 82, 85, 88~89, 103, 109~110, 118, 120, 124, 136, 155, 166, 169, 170, 174~176, 179
참전의 논리/110
참회/137
창가학회(創價學會)/192, 193, 194, 195, 196, 199
채식/132
천년왕국(千年王國)/105, 127~129, 140~142
『천수경』/28, 105
천황제/146, 192
철인왕(哲人王)/187
철학/4~6, 24, 36~37, 39~40, 42, 68, 90, 104, 115, 119, 145, 156, 160~161, 169, 201, 203~209, 212~214
철학사/160, 206
초기불교/111, 132, 172, 177
출가/47, 49, 61, 84~85, 91, 98, 130, 136~137, 147, 155~156, 159~161, 165~167, 169~170, 172, 177~192, 196~199, 210
출가관/160
출가정신/47, 166
친족/36, 41, 43, 46, 64, 66, 83, 98, 114, 166, 171, 175, 179

【카】

카르나/84, 167
카르마 요가(karma-yoga)/24, 37~38, 51, 56, 62~63, 65, 67
카우라바(Kaurava)/72, 78, 123, 161
컨텍스트(context)/18, 21, 27, 29, 33, 37~40, 44, 46, 54, 62, 65~68, 70~71, 74, 76~77, 83, 86, 98, 103, 125~126, 148, 150, 159, 161, 163, 177, 186, 206
쿠루크세트라/72
크리쉬나(Kṛṣṇa)/21, 31, 33~38, 41~42, 44, 46~47, 50~53, 55, 57~58, 60, 62, 65~69, 72, 74~76, 79~82, 84, 88~92, 95~97, 99, 109, 113~116, 118~119, 124, 127, 161~162, 164, 166~169, 171, 174~176, 178~180
크샤트리아/37, 57, 81~82, 85, 91, 109~120, 136, 141, 153, 170~172, 175, 178, 180~181, 184, 198

【타】

탄트리즘(Tantrim)/204
탈(脫)가부장제/183
탈(脫)권력/6, 155~156, 184
탈(脫)식민주의/156
탈(脫)정치/6, 156, 161
탈식민/156, 161, 199
테러리즘/90
텍스트(text)/23, 27, 29, 33~34, 37~40, 52, 63, 71, 74, 76~77, 119, 125~126
통일교/157
통일주의/191
통찰력/178, 187
틸락/27, 29, 75, 119, 161, 205, 208~209

【파】

파계(破戒) 비구/138
파쿠다 카차야나/34~35, 55~56, 67
판다바(Paṇḍava)/161
판두(Pandu)/36
팔지(八支) 요가/130
패러다임/128

페미니즘/183
평안의 권(Śāntiparvan)/84, 160, 168, 179, 198
평화/61, 70, 90~91, 94, 97~99, 106, 110, 136, 146~147, 151~154, 157~159, 190, 193~197
평화와 공존의 철학/99
평화운동/195~196
평화통일가정당/157~159, 190, 197
폭력/6, 19~23, 87~90, 93~94, 103~108, 111~115, 122~124, 126, 129, 134, 136, 139~140, 142~154, 147, 152~153, 156, 187, 196
폭력성/123, 152
폭력의 악순환/94, 107
폭력의 용인/22, 112
폭력의 정당화/112~113, 118
푸코(Michel Foucault)/48

【하】

하나님나라/158
하이데거(M. Heidegger)/39
한암(漢岩)/29, 211~212
해석학/4, 37, 39, 51~52, 76~77, 110, 115, 145, 150, 154, 205, 212
해석학적 관점/37
해석학적 방법론/4, 76, 154
해석학적 상상력/115
해석학적 선이해(先理解)/212
해석학적 장치/51
해석학적 지평/39
해탈 가능성/178
해탈법/61, 155~156, 159,~162, 164~167, 170, 172, 179, 184~189, 192, 196, 198~199
해탈의 서(mokṣa-śāstra)/74~75, 97
해탈 지향/75, 188
행위(karma)/24, 177
행위의 문제/27, 74~75, 211, 213~214
행위의 서(karma-śāstra)/74
행위주의(行爲主義)/177
행위 중심의 관점/27
『헤이케 이야기(平家物語)』/190~191, 199
현대 정치학/187
현실계/125
현실성/96
현실주의/35, 57~58, 60~61, 67, 81, 95, 110
형이상학/34~35, 51~56, 66~67, 174
형이상학적 윤리/53~54
호국불교/61
호법(護法)/104
화랑도/58, 67
화엄/24, 149, 178, 211
『화엄경탐현기』/149
화엄의 보살행/24
화쟁(和諍)/49, 86, 151, 163
화쟁론/50
환상회향(還相廻向)/213
회의/6~7, 20~21, 31, 33~38, 40, 41~46, 48~52, 60, 64, 66, 69, 70~72, 75~86, 88~93, 95~99, 109, 113~114, 116, 118~119, 123~124, 137, 146, 151, 155~158, 162~172, 174~176, 178, 180, 190, 194~195, 197~199
회의론/50, 91
회의의 전통/50
회의주의/114, 151
회통/24, 25, 26, 27, 28, 113, 143, 149, 204, 209,
효 문제/44
후지이 닛다츠(藤井日達)/195
휴머니즘/61
힌두교 부흥운동/27
힌두교의 출가/49, 85, 98, 160, 166
힌드교적 현실주의/99
힌두 카스트/81
힌두트바 이데올로기/200

힌두교(내지 인도철학)와 불교 관련 저자의 논문 목록

1. 「바가바드기타의 카르마요가에 대한 윤리적 조명」, 『인도철학』 제2집(인도철학회, 1992), pp.127~147.→ 수정 증보 개제(改題)하여 「바가바드기타의 카르마요가와 불교윤리」, 『바가바드기타 연구』(동국대 도서관 소장), pp.1~31. 재수록.
2. 「바가바드기타의 제사관 — 불교의례의 재검토를 위한 정초로서 —」, 『인도철학』 제4집(인도철학회, 1994), pp.139~159.
3. 「한국의 인도불교 연구」, 『인도연구』 제2호(한국인도학회, 1997), pp.71~89.
4. 「한국의 정통 인도종교 연구사 검토」, 『종교연구』 제15집(한국종교학회, 1998), pp.197~227. → 학회의 다른 기획논문들과 함께 『해방후 한국종교연구사』(도서출판 창, 1997), pp.297~336. 재수록.
5. 「초기 우파니샤드의 명상 개념 1」, 『인도철학』 제7집(인도철학회, 1998), pp.65~88.
6. 「초기 우파니샤드의 명상 개념 2」, 『인도철학』 제8집(인도철학회, 1999), pp.179~212.
7. 「인도철학, 불교학의 방법론에 대한 성찰」, 『불교연구』 제16집(한국불교연구원, 1999), pp.95~129.
8. 「바가바드기타와 구라단두경의 입장에서 본 조선불교유신론의 의례관」, 『불교학보』 제36집(동국대 불교문화연구원, 1999), pp.197~223.
9. 「불교의 여성관 정립을 위한 해석학적 모색」, 『불교학의 해석과 실천』(불일출판사, 2000), pp.31~60.
10. 「바가바드기타의 윤리적 입장에 대한 비판적 고찰」, 『종교연구』 제19집(한국종교학회, 2000), pp.83~103. → 이 책의 첫 번째 논문.
11. 「산스크리트어 형태론의 구조적 이해」, 『불교어문논집』 제5집(한국불교어문학회, 2000), pp.59~81.
12. 「힌두교 전통에 비춰본 불교의 효(孝) 문제」, 『인도철학』 제11집 1호(인도철학회, 2001), pp.67~94. → 수정 보완하고, 「불교화된 효 담론의 해체」로 개제하여 『무심보광스님화갑기념논총 불연록(佛緣錄)』(여래장, 2010), pp.529~548. 재수록. →

「佛教化された孝の談論の解體」, 『高知大學學術研究報告』 第62巻(高知大學, 2013), pp.207~218. 재수록.

* 일어로 발표한 것은 2013년 7월 18일 고치(高知)대학에서의 특강을 위한 원고로써, 「불교화된 효담론의 해체」를 요점만 축약하여 번역한 것이다.

13. 「한문불전의 이해를 위한 기초적 범어문법」, 『불교대학원논총』 제7호(동국대 불교대학원, 2001), pp.43~67.
14. 「이샤 우파니샤드에 대한 샹카라와 오로빈도의 해석 비교」, 『인도철학』 제10집(인도철학회, 2001), pp.105~148.
15. 「バガヴァッド・ギーターと大乘涅槃經における暴力/戰爭の正當化問題」, 『韓國佛教學Seminar』 第9號(韓國留學生印度學佛教學硏究會, 2002), pp.149~166.
16. 「미망사와 불교의 비교해석학 — 경전관을 중심으로 —」, 『한국종교사연구』 제10호(한국종교사학회, 2002), pp.77~116. → 「원전의 무거움과 해석의 가능성 — 이 책의 서론으로서 —」로 개제하여, 『불교해석학 연구』 첫 번째 논문.
17. 「Arjunaの懷疑に見られる意味」, 『印度學佛教學硏究』 제52권 1호(일본인도학불교학회, 2003), pp.465~470.
18. 「'정의의 전쟁'론은 정의로운가」, 『동서철학연구』 제28집(한국동서철학회, 2003), pp.5~35. → 이 책의 세 번째 논문.

 * 위의 35번 논문이 일본에서 발표되었을 때 편집실수로 중간에 잘리게 되어서, 다시 발표할 필요가 있었다. 이에 한국어로 번역하고, 개제하여 다시 발표함. 이 때 서론 부분에는 보완이 행해졌다. 일본에서 잘린 부분을 한국어 발표 부분에서 제시한다면, p.24. 중간 "여기서 우리는 『대승열반경』"부터 p.32. 끝까지였다.
19. 「바가바드기타를 읽는 틸락의 분석적 독서법」, 『종교연구』 제35집(한국종교학회, 2004), pp.195~224. → 『바가바드기타의 철학적 이해』의 두 번째 논문.
20. 「바가바드기타를 읽는 샹카라의 호교론적 해석학」, 『인도철학』 제17집(인도철학회, 2004), pp.155~182. → 『바가바드기타의 철학적 이해』의 첫 번째 논문.
21. 「바가바드기타를 읽는 간디의 다원적 독서법」, 『인도연구』 제10권 2호(한국인도학회, 2005), pp.179~213. → 「여러 가지 독서법에 의지한 해석의 사례 — 간디의 『바가바드기타』 읽기를 중심으로 — 」로 개제하여, 『불교해석학연구』 네 번째 논문.
22. 「기타에 대한 샹카라의 주제파악과 틸락의 비판」, 『인도철학』 제20집(인도철학회, 2006), pp.153~190. → 『바가바드기타의 철학적 이해』의 세 번째 논문.
23. 「산스크리트 산디현상의 원리 해명」, 『남아시아연구』 제11권 2호(한국외대 남아시아연구소, 2006), pp.53~82.
24. 「아르주나의 회의와 그 불교적 의미」, 『종교연구』 제42집(한국종교학회, 2006), pp.103~126. → 이 책의 두 번째 논문.

25. 「바가바드기타와 관련해서 본 한암의 염불참선무이론」, 『한암사상연구』 제1집(한암사상연구원, 2006), pp.55~147. → 제2장만을 따로 떼어내서 그것을 본론으로 삼아서, 서론과 결론을 덧보탠 뒤, 「한암의 건봉사결사와 염불참선무이론」으로 개제하여 『한암선사연구』(민족사, 2015)의 세 번째 논문으로 재수록.
26. 「바가바드기타에 보이는 지혜와 행위의 관련성 ― 간디의 sthitaprajña 개념을 중심으로 ―」, 『인도연구』 제11권 2호(한국인도학회, 2006), pp.99~143.
27. 「바가바드기타에 대한 틸락의 행동주의적 해석」, 『인도철학』 제22집(인도철학회, 2007), pp.275~311. → 『바가바드기타의 철학적 이해』의 다섯 번째 논문.
28. 「바가바드기타에 보이는 믿음과 행위의 관련성」, 『남아시아연구』 제13권 1호(한국외국어대학교 남아시아연구소, 2007), pp.73~99.
29. 「두 유형의 출가와 그 정치적 함의」, 『인도철학』 제26집(인도철학회, 2009), pp.5~45. → 이 책의 네 번째 논문.
30. 「비베카난다의 붓다관에 대한 비평 ― 유행(sannyāsa)과 출가(pabbajjā)를 중심으로 ―」, 『인도철학』 제29집(인도철학회, 2010), pp.137~172.
31. 「근대 인도의 '노동의 철학(karma-yoga)'과 근대 한국불교의 선농일치(禪農一致) 사상 비교」, 『남아시아연구』 제17권 1호(한국외국어대학교 남아시아연구소, 2011), pp.97~132.
32. 「이입사행론(二入四行論)의 인도철학적 이해」, 『요가학 연구』 제6호(한국요가학회, 2011), pp.191~235.
33. 「바가바드기타 제12장의 난문(難文)에 대한 이해 ― 9~12송을 중심으로 ―」, 『인도철학』 제35집(인도철학회, 2012), pp.73~114.
34. 「샹카라의 지행회통(知行會通) 비판에 대한 고찰 ―」, 『인도철학』 제41집(인도철학회, 2014), pp.191~224. → 『바가바드기타의 철학적 이해』의 네 번째 논문.

김호성(金浩星 Kim, Ho Sung/karuna33@dgu.edu)

동국대학교 불교대학 인도철학과 학사 · 석사 · 박사과정을 이수하였다.
1996년 철학박사 학위를 취득. 1997년 9월 이후 동국대 대학원 인도철학과 교수 및 불교학부 교수로서 근무하고 있다.
1999년 여름 이후 9차에 걸친 인도현지답사를 하였고, 일본 북교(佛教)대학(2002. 9~2003. 8)과 고치(高知)대학(2013. 4~9)에서 방문연구를 하였다. 1989년부터 현재까지 인도철학과 불교에 대한 논문 90편을 발표하였다.
그 논문들을 주제별로 묶어서 펴낸 학술서적으로 『대승경전과 선』, 『천수경의 새로운 연구』, 『불교해석학 연구』, 『경허의 얼굴』, 『바가바드기타의 철학적 이해』 등이 있다.
그밖에 『배낭에 담아온 인도』, 『왜 인도에서 불교는 멸망했는가』와 같은 책들을 짓거나 옮겼다.

힌두교와 불교

2016년 5월 10일 초판 1쇄 인쇄
2016년 5월 20일 초판 1쇄 발행

옮긴이 김호성
펴낸이 정창진
펴낸곳 도서출판 여래
출판등록 제2011-81호
주소 서울시 관악구 행운2길 52 칠성빌딩 5층
전화번호 (02)871-0213
전송 (02)885-6803

ISBN 979-11-86189-51-1 03220
Email yoerai@hanmail.net
blog naver.com/yoerai

값은 뒤표지에 있습니다.

※ 이 도서의 국립중앙도서관 출판예정도서목록(CIP)은 서지정보유통지원시스템 홈페이지(http://seoji.nl.go.kr)와 국가자료공동목록시스템(http://www.nl.go.kr/kolisnet)에서 이용하실 수 있습니다. (CIP제어번호 : CIP2016009259)